LA POSTE PAR PIGEONS VOYAGEURS

PENDANT LE SIÉGE DE PARIS (1870-71).

Par M. V. LA PERRE DE ROO.

L'usage de Pigeons voyageurs ou de course pour la transmission des dépêches d'une ville à l'autre remonte à la plus haute antiquité.

Les marins égyptiens s'en servaient, dans les temps les plus reculés, pour annoncer à leurs femmes leur arrivée dans les ports de destination et leur retour à Alexandrie.

Dans les temps plus modernes, en 1575, la ville de Leyde (Hollande), assiégée par les Espagnols, fut sauvée par les Pigeons voyageurs. En 1572, la ville ayant pris le parti des États contre le roi Philippe, Don Louis de Requesens, qui avait remplacé comme gouverneur le duc d'Albe, fit investir Leyde par son général François Baldez. Celui-ci s'était rendu maître de toutes les avenues de la ville, vaillamment défendues par le brave commandant Janus Douza, enferma Leyde entre soixante-deux retranchements, et résolut de la réduire par la faim. Ce fut alors que les habitants, souffrant le double fléau de la famine et de la peste, parlaient de capituler. Mais le prince d'Orange avait proposé entre-temps aux États de faire percer les digues de la Meuse et de l'Yssel pour inonder les environs de la ville assiégée ; ce projet fut adopté et mis à exécution, et cette importante nouvelle fut transmise par Pigeons voyageurs au bourgmestre de Leyde, M. Van der Werf, avec prière de soutenir le courage des assiégés jusqu'à l'arrivée de l'amiral de Zélande, Louis Boisot, avec une flottille de bateaux plats chargés de vivres pour secourir les citoyens.

Le digne bourgmestre s'empressa de faire part aux habitants de la prochaine délivrance de Leyde qui lui avait été annoncée par les Pigeons voyageurs, et offrit son corps en pâture aux gens du peuple qui parlaient de capituler. Cette communication fut accueillie par des applaudissements frénétiques, et inspira un tel courage aux habitants, que, lorsque Baldez les somma de se rendre, ils répondirent fermement qu'après avoir mangé le bras gauche, ils défendraient encore leurs murs du bras droit.

Sur ces entrefaites, les digues de la Meuse et de l'Yssel avaient été percées : un vent sud-est en empêcha d'abord la réussite ; mais, quand la ville fut réduite à sa dernière extrémité, il s'éleva un vent favorable qui poussa l'eau vers le lieu de détresse, et les Espagnols furent contraints de lever le siége de Leyde, qui avait duré cinq mois.

En 1849, Venise, assiégée par les Autrichiens, fit aussi un usage régulier de Pigeons de course pour communiquer avec le dehors.

LE SIÉGE DE PARIS (1870-71).

Le 2 septembre 1870, j'eus l'honneur d'écrire à M. le Ministre de la guerre la lettre suivante :

Monsieur le Ministre,

Les journaux anglais le *Times* et le *Daily Telegraph* affirment, Monsieur le Ministre, que les Prussiens viennent sur Paris à marches forcées, et que bientôt l'immense capitale se verra cernée par les armées allemandes et aura ses communications avec le reste de la France complétement coupées !

Je ne sais pas, Monsieur le Ministre, si les journaux anglais, qui paraissent être très-hostiles à la France, disent la vérité et si Paris peut être investi régulièrement de façon à avoir ses communications avec le dehors complétement coupées.

Je prends néanmoins la liberté de rappeler à l'attention de Votre Excellence l'usage qu'on fit autrefois en Belgique des Pigeons voyageurs pour la transmission des dépêches d'une ville à l'autre, et qu'en cas de siége ces intéressants messagers ailés pourraient peut-être être utilisés.

En ce cas, Monsieur le Ministre, il n'y aurait pas une minute à perdre, et je recommanderais à Votre Excellence de prendre immédiatement les mesures suivantes :

1° De réquisitionner tous les Pigeons voyageurs appartenant aux membres des sociétés colombophiles de Paris, moyennant de leur accorder une indemnité ;

2° De faire sortir de Paris les susdits Pigeons avant l'arrivée des Prussiens.

3° De réquisitionner à Lille et à Roubaix tous les Pigeons voyageurs appartenant aux membres des sociétés colombophiles des susdites villes ;

4° De faire rentrer dans Paris ces Pigeons avant l'arrivée des Prussiens.

A l'aide des Pigeons de Paris, vous pourriez, Monsieur le Ministre, faire rentrer des dépêches dans la ville après son investissement, comme à l'aide des Pigeons de Lille et de Roubaix vous pourriez en faire sortir.

Je ne sais pas, Monsieur le Ministre, combien il existe de sociétés colombophiles à Paris; mais je sais *positivement* qu'il en existe, ainsi qu'à Lille et à Roubaix, car j'ai lu souvent les résultats de leurs concours de Pigeons dans un petit journal de Bruxelles, *l'Épervier*, qui ne s'occupe que de Pigeons voyageurs.

Agréez, Monsieur le Ministre, l'assurance de ma haute considération.

Votre très-humble et dévoué serviteur,

V. La Perre de Roo.

Avenue des Marronniers, grille d'Orléans.

Montretout, le 2 septembre 1870.

Le surlendemain, le Gouvernement impérial fut renversé, et ma lettre resta sans réponse ; du reste, elle n'en exigeait point.

Le Gouvernement impérial avait-il pris immédiatement ma proposition en sérieuse considération et y avait-il eu commencement d'exécution de mon programme avant sa chute, ou est-ce le Gouvernement de la défense nationale qui, prenant l'initiative, avait commencé à mettre mon idée en pratique lorsque les Prussiens arrivèrent sous les murs de Paris ?

Je l'ignore complétement; mais ce que je puis affirmer, c'est que 800 Pigeons voyageurs appartenant à diverses sociétés colombophiles du département du Nord furent introduits dans Paris avant son investissement, et furent enfermés dans les volières du Muséum d'histoire naturelle.

Je me demande pourquoi le Gouvernement a exécuté la moitié de mon programme, et pas l'autre, qui était de beaucoup la plus importante et la plus indispensable, c'est-à-dire d'avoir réquisitionné tous les Pigeons voyageurs des sociétés colombophiles de Paris et de les avoir fait sortir de la ville avant qu'elle fût bloquée.

C'est alors que les Prussiens arrivaient sur Paris à marches forcées, et que la Société colombophile *l'Espérance* de Paris, sachant aussi bien que moi qu'en cas de siége il n'y avait pas d'autre moyen de communiquer avec le dehors qu'à l'aide de Pigeons voyageurs, prit la décision d'offrir généreusement ses meilleurs Pigeons et les services personnels de divers membres de la société au Gouvernement de la défense nationale.

M. Ed. Cassiers, le président de la société, se présenta le lendemain au cabinet de M. le gouverneur de Paris pour lui offrir ses services et ses Pigeons ; mais, en l'absence de M. le général Trochu, il fut reçu malheureusement par un officier subalterne qui accueillit les propositions de M. Cassiers par des éclats de rire, lui disant qu'il était le soixante-deuxième qui venait lui parler de Pigeons et qu'il espérait qu'il serait le dernier !

Mais voici les Prussiens sous Paris. Bientôt l'immense capitale est investie, et, malgré les soixante-deux propriétaires de Pigeons voyageurs qui avaient offert gracieusement leurs Pigeons au Gouvernement de la défense nationale, pas un seul de ces intéressants messagers ailés n'avait été expédié hors de Paris à l'arrivée de l'ennemi sous les murs de la capitale.

Le Gouvernement de la défense nationale ne peut pas plaider comme circonstance atténuante qu'il ignorait complétement les merveilleuses aptitudes des Pigeons de course et les services précieux qu'ils pouvaient rendre en cas de siége, attendu qu'il avait pris la précaution de faire rentrer 800 Pigeons à Paris avant son investissement, ce qui prouve sa parfaite connaissance de leur importance.

Ces lignes étaient écrites, lorsque j'appris que M. Steenackers, directeur général des télégraphes, avait chargé M. Traclet, membre de la Société colombophile *l'Espérance* de Paris, de faire sortir de la ville quelques Pigeons voyageurs avant son investissement.

M. Traclet, dont j'ai eu l'honneur de recevoir la visite, n'a pas pu me préciser la date exacte à laquelle il avait reçu les ordres de M. Steenackers ; mais cela n'infirme pas que M. Gustave Traclet est arrivé à la gare d'Orléans avec quatre paniers de Pigeons voyageurs, dans l'intention de se rendre à Tours, après que la ligne du chemin de fer avait été coupée par les Prussiens et que tous les trains avaient cessé de marcher.

Vers la même époque, le 13 septembre, M. Ségalas se présenta au cabinet de M. Geoffroy Saint-Hilaire avec une lettre de M. Steenackers, priant M. le directeur du Jardin d'acclimatation de bien vouloir remettre au porteur du billet tous les Pigeons voyageurs qu'il possédait, sans autres explications.

M Geoffroy Saint-Hilaire ne possédait pas un seul Pigeon voyageur, et conséquemment n'en avait pas à offrir à M. Ségalas ; mais, en eût-il eu, il est tout à fait probable qu'il n'aurait pas mis tous les Pigeons voyageurs du Jardin d'acclimatation à la disposition de M. Steenackers, qu'il n'avait pas l'honneur de connaître et dont il ignorait complétement la nomination, par le Gouvernement de la défense nationale, de directeur général des télégraphes et des postes.

Je n'ai donc rien à retrancher à mes précédentes appréciations, qui sont malheureusement confirmées dans toute leur étendue par les incidents Traclet et Ségalas, et dont le résumé est que M. Steenackers aurait dû s'y prendre plus tôt et aurait dû réquisitionner du coup tous les Pigeons des membres des diverses sociétés colombophiles de Paris, avant l'investissement.

Paris fut donc régulièrement investi, à la grande consternation des malheureux Parisiens, et en dépit de toutes les allégations des journaux, qui n'avaient cessé d'écrire que l'immense métropole ne pouvait pas être cernée efficacement par les forces dont disposait l'ennemi.

Ces illusions ne furent pas de longue durée. Quelques courriers, porteurs de dépêches de M. le général Trochu, essayèrent de traverser les lignes ennemies ; mais ils revinrent bientôt annoncer aux Parisiens que la ville était régulièrement bloquée et entourée d'un cercle de fer infranchissable.

Paris allait donc être enfermé pendant cinq mois comme

dans une tombe, lorsqu'il vint tout à coup à M. Rampont, le directeur des postes, l'ingénieuse idée de communiquer avec le dehors à l'aide de ballons.

Cette idée lumineuse et consolatrice fut aussitôt mise en pratique.

Dès le 23 septembre, à huit heures du matin, un premier ballon s'éleva des buttes Montmartre, aux applaudissements frénétiques de la population assiégée : ce fut le *Neptune*, commandé par l'aéronaute Durouf. Il emporta 123 kilogr. de dépêches.

Mais, vers le soir, l'inquiétude et le découragement succédèrent aux transports de joie du matin.

Le ballon était parti : on l'avait accompagné des yeux jusqu'à perte de vue, on avait espoir qu'il eût franchi sans accident les lignes ennemies ; mais on n'en savait rien, et cette incertitude et cette absence de nouvelles de l'aéronaute étaient poignantes pour les Parisiens et les replongeaient dans l'abattement le plus profond.

Paris, grâce à l'idée de M. Rampont, avait trouvé le moyen de parler à la France et au monde entier en dépit du cercle de baïonnettes dont ses geôliers l'avaient cerné ; mais il n'avait pas découvert ni inventé un moyen de faire rentrer des dépêches dans son enceinte.

Le même jour, un Belge, qui avait assisté en observateur au départ du ballon, résolut la question.

Ce fut M. Louis Van Rosebeke, vice-président de la Société colombophile *l'Espérance*, de Paris, qui conçut l'idée intelligente de faire sortir ses Pigeons voyageurs par ballon, et de réparer ainsi la négligence du Gouvernement de la défense nationale, de ne pas avoir fait sortir de Paris ces intéressants volatiles avant son investissement.

M. Van Rosebeke fut trouver immédiatement M. le général Trochu et lui communiqua son idée. M. le gouverneur de Paris la comprit, l'approuva complétement, et pria M. Van Rosebeke avec insistance de la communiquer sans délai à M. Rampont, qui venait d'inaugurer le service des postes par ballons.

Quel malheur que le président de la Société colombophile n'eût pas été reçu de prime abord par M. Trochu, au lieu d'avoir eu affaire à une personne qui le remplaçait !

L'intelligent directeur des postes écouta M. Van Rosebeke avec le même intérêt que lui avait témoigné M. le général Trochu, lui adressa plusieurs questions sur les remarquables aptitudes des Pigeons voyageurs, et accepta avec empressement les offres de la Société colombophile de Paris.

Dès le lendemain, M. le président honoraire de la Société colombophile *l'Espérance* de Paris reçoit une lettre de M. Garnier-Pagès qui lui demande de mettre quelques Pigeons voyageurs à la disposition du gouvernement, et, le surlendemain, le service des postes par Pigeons voyageurs était inauguré par M. Rampont.

Le 25 septembre, le second ballon, *la Ville-de-Florence*, commandé par l'aéronaute G. Mangin, quittait Paris à onze heures du matin, emportant les trois premiers Pigeons voyageurs de M. Van Rosebeke.

Le même jour, à cinq heures du soir, les Pigeons voyageurs, de retour à Paris, apportaient la dépêche suivante attachée à la queue :

« Nous sommes descendus heureusement près de Triel,
» à Vernouillet. Nous allons porter les dépêches officielles
» à Tours. Ballots de lettres vont être distribués. »

Les Parisiens, qui n'avaient jamais entendu parler auparavant du remarquable instinct d'orientation des Pigeons voyageurs, étaient émerveillés de ce succès inattendu ; les journaux illustrés se couvrirent de dessins représentant ces charmants volatiles, et se firent concurrence pour en faire le meilleur éloge, et les membres de la Société colombophile étaient dans la jubilation, car c'était grâce à leurs aimables voyageurs que Paris cessait d'être isolé du reste du monde, et allait recevoir des nouvelles tant désirées des amis et parents absents.

Le 29 septembre, eut lieu le départ de deux ballons liés ensemble, qu'on appela *les États-Unis*, commandés par le célèbre aéronaute M. Louis Godard, qui emporta trois Pigeons voyageurs et plusieurs sacs de dépêches.

Le même jour, un Pigeon rentrait à Paris avec une dépêche de M. Godard, annonçant son heureuse descente à Mantes !

Le 30 septembre, le ballon *le Céleste*, commandé par M. Gaston Tissandier, l'auteur du charmant ouvrage : *En ballon pendant le siége de Paris*, emporte trois Pigeons, plusieurs sacs de dépêches et mille proclamations que l'aéronaute jette sur les têtes des Prussiens. Rien n'est plus intéressant, tant au point de vue du romanesque que de l'histoire, que l'ouvrage de M. Tissandier, qui raconte avec un charme ravissant toutes les péripéties des voyages des 64 ballons qui furent lancés de Paris pendant le siége.

J'ai été plusieurs fois honoré de la visite du président, du vice-président et des membres de la Société colombophile *l'Espérance*, qui sont sortis de Paris en ballon, et qui m'ont confié tous leurs documents et toutes leurs notes relatives aux services rendus par les Pigeons voyageurs pendant la dernière guerre ; mais je n'en laisse pas moins M. Tissandier raconter lui-même les péripéties de son intéressant voyage, tout en regrettant de devoir l'abréger faute d'espace, car je m'écarte ici de mon but, qui est de démontrer l'utilité des Pigeons voyageurs en cas de siége.

Voici quelques extraits du récit de l'ascension du *Céleste*, que M. Tissandier fait dans son charmant ouvrage, *En ballon pendant le siége :*

« A neuf heures, le ballon est gonflé, on attache la nacelle. J'y entasse des sacs de lest et trois ballots de dépêches pesant 80 kilogrammes.

» On m'apporte une cage contenant trois Pigeons.

» — Tenez, me dit Van Roscbeke, chargé du service de ces précieux messagers, ayez bien soin de mes oiseaux. A la descente, vous leur donnerez à boire, vous leur servirez quelques grains de blé. Quand ils auront bien mangé, vous en lancerez deux, après avoir attaché à une plume de leur queue la dépêche qui nous annoncera votre heureuse descente. Quant au troisième Pigeon, celui-ci, qui a la tête brune, c'est un vieux malin que je ne donnerais pas pour cinq cents francs. Il a déjà fait de grands voyages. Vous le porterez à Tours. Ayez-en bien soin. Prenez garde qu'il ne se fatigue en chemin de fer.

» Je monte dans la nacelle au moment où le canon gronde avec une violence extrême. J'embrasse mes frères, mes amis. Je pense à nos soldats qui combattent et qui meurent à deux pas de moi. L'idée de la patrie en danger remplit mon âme. On attend là-bas ces ballots de dépêches qui me sont confiés. Le moment est grave et solennel ; nul sentiment d'émotion ne saurait plus m'atteindre.

» Lâchez tout !

» Me voilà flottant au milieu de l'air !

. . . .

» Mon ballon s'élève dans l'espace avec une force ascensionnelle très-modérée.

. . . .

» Il est neuf heures cinquante, je plane à 1000 mètres de haut. Mes yeux ne se détachent pas de la campagne, où j'aperçois un spectacle navrant qui ne s'effacera jamais de mon esprit. Ce ne sont plus ces environs de Paris riants et animés ; ce n'est plus la Seine, dont les bateaux sillonnent l'onde, où les canotiers agitent leurs avirons. C'est un désert, triste, dénudé, horrible. Pas un habitant sur les routes, pas une voiture, pas un convoi de chemin de fer. Tous les ponts détruits offrent l'aspect de ruines abandonnées. Pas un canot sur la Seine : ce fleuve déroule toujours son onde au milieu des campagnes, mais avec tristesse et monotonie. Pas un soldat, pas une sentinelle ; rien, rien, l'abandon du cimetière. On se croirait aux abords d'une ville antique détruite par le temps ; il faut forcer son souvenir pour entrevoir par la pensée les deux millions d'hommes emprisonnés près de là dans une vaste muraille.

» Il est dix heures....... J'entends un léger roucoulement au-dessus de moi. Ce sont mes Pigeons qui gémissent. Ils ne paraissent nullement rassurés et me regardent avec inquiétude.

» Pauvres oiseaux, vous êtes mes seuls compagnons ; aéronautes improvisés, vous allez défier tous les marins de l'air ,
car vos ailes vous dirigeront bientôt vers Paris que vous quit-
tez, et nos ballons sauront-ils y revenir ?

» Pendant que mille réflexions naissent et s'agitent ainsi
dans mon esprit, le vent me pousse toujours dans la direction de l'ouest, comme l'atteste ma boussole. Après Saint-
Cloud, c'est Versailles qui étale à mes yeux les merveilles de
ses monuments et de ses jardins.

» Jusqu'ici je n'ai vu que déserts et solitudes ; mais au-
dessus du parc la scène change. Ce sont des Prussiens que
j'aperçois sous la nacelle. Je suis à 1600 mètres de haut,
aucune balle ne saurait m'atteindre. Je puis donc m'armer
d'une lunette et observer attentivement ces soldats lillipu-
tiens, vus de si haut.

» Je vois sortir de Trianon des officiers prussiens qui me
visent avec des lorgnettes ; ils me regardent longtemps : un
certain mouvement se produit de toutes parts..... Quelle joie
j'éprouve en pensant à leur dépit ! — Voilà des lettres que
vous n'arrêterez pas, et des dépêches que vous ne pourrez
lire.

. . . .

» A ce moment, je plane au-dessus d'un carrefour. Un
groupe d'hommes s'y trouve rassemblé. Grand Dieu ! ce sont
des Prussiens. En voici d'autres plus loin ; voici des uhlans ,
des cavaliers qui accourent par les chemins.....

» Heureusement pour moi le vent est vif, je file comme
la flèche au-dessus des arbres. Les uhlans me regardent
étonnés, et me laissent passer sans qu'aucune balle m'ait
menacé......

» Une petite ville apparaît bientôt à l'horizon. C'est Dreux
avec sa grande tour carrée. Le *Céleste* descend, je le laisse
revenir vers le sol. Voilà une nuée d'habitants qui accourent.
Je me penche vers eux et je crie de toute la force de mes
poumons :

» — Y a-t-il des Prussiens par ici ?

Mille voix me répondent en chœur :

» — Non, non ! descendez !

. . . .

» Je dégonfle à la hâte le *Céleste*, faisant écarter la foule par quelques gardes nationaux accourus en toute hâte. Une voiture vient me prendre, m'enlève avec mes sacs de dépêches et ma cage de Pigeons. Les pauvres oiseaux, immobiles, ne sont pas encore remis de leur émotion.

. . . .

» Qu'ai-je à faire maintenant ? A lancer mes Pigeons pour apprendre à mes amis que je suis encore de ce monde, et pour annoncer que mes dépêches sont en lieu sûr. Je cours à la sous-préfecture, où j'ai envoyé mes messagers ailés. On leur a donné du blé et de l'eau ; ils agitent leurs ailes dans leur cage. J'en saisis un qui se laisse prendre sans remuer. Je lui attache à une plume de la queue ma petite missive écrite sur papier fin. Je le lâche ; il vient se poser à mes pieds, sur le sable d'une allée. Je renouvelle la même opération pour le second Pigeon, qui va se placer à côté de son compagnon. Nous les observons attentivement. Quelques secondes se passent. Tout à coup les deux Pigeons battent de l'aile et bondissent d'un trait à 100 mètres de haut. Là ils planent et s'orientent ; ils se tournent vivement vers tous les points de l'horizon ; leur bec oscille comme l'aiguille d'une boussole cherchant un pôle mystérieux. Les voilà bientôt qui ont reconnu leur route ; ils filent comme des flèches... en droite ligne dans la direction de Paris ! »

En effet, le même jour, à huit heures du soir, les deux Pigeons de M. Van Rosebeke étaient de retour à Paris, avec la dépêche de M. Tissandier, annonçant l'heureuse descente du *Céleste* à Dreux !

Le cinquième ballon qui fut lancé de Paris le 7 octobre, *l'Armand-Barbès*, commandé par l'aéronaute Trichel, emporta M. Gambetta.

Plusieurs membres de la Société colombophile : MM. Cassiers, Janody, Derouard et Traclet, confièrent les meilleurs Pigeons de leurs colombiers à M. le Ministre de l'intérieur sous le Gouvernement de la défense nationale.

Le lendemain, à cinq heures du soir, un premier Pigeon, appartenant à M. Cassiers, apporta la nouvelle de la descente de l'*Armand-Barbès* à Montdidier, à deux heures quarante-cinq minutes du soir !

C'était un Pigeon d'une beauté remarquable, de race anversoise, qui avait pris part à plusieurs grands concours.

Il avait remporté le premier prix au concours national d'Auch, sur 1600 concurrents.

Lâché à Auch (distance, 600 kilomètres) à sept heures du matin, il fut à Paris le lendemain, à onze heures trente minutes.

Ce même Pigeon rentra quatre fois à Paris avec des dépêches, ce qui prouve qu'avec des Pigeons de bonne race belge on est sûr du succès.

Le 10 octobre, on lisait dans le *Journal officiel* de Paris :

« Le Gouvernement a reçu ce soir une dépêche ainsi conçue :

« Montdidier (Somme), huit heures du soir. Arrivés après
» accident en forêt à Épineuse. Ballon dégonflé. Nous avons
» pu échapper aux tirailleurs prussiens, et, grâce au maire
» d'Épineuse, venir ici, d'où nous partons dans une heure
» pour Amiens, d'où voie ferrée jusqu'au Mans et à Tours.
» Les lignes prussiennes s'arrêtent à Clermont, Compiègne et
» Breteuil, dans l'Oise. Pas de Prussiens dans la Somme. De
» toutes parts on se lève en masse. Le Gouvernement de la
» défense nationale est partout acclamé. »

Le même jour, le *Moniteur*, édition de Tours, dit que l'*Armand-Barbès* avait à peine dépassé les lignes des forts, qu'il fut assailli plusieurs fois par des fusillades parties des avant-postes prussiens, et que M. Gambetta eut la main effleurée par un projectile.

Deux autres Pigeons, appartenant à M. Janody, rentrèrent le lendemain à Paris, mais ayant perdu leurs dépêches, malheureusement attachées par des mains inexpérimentées.

M. Derouard reçut le même jour un troisième Pigeon apportant une dépêche de Tours.

Quant aux autres Pigeons qui avaient été confiés à M. Gambetta et qui tous étaient des Pigeons hors ligne, ce que les amateurs appellent de vieux routiers, on n'en a plus entendu parler et on ne les a plus jamais revus au colombier. M. Gambetta a-t-il été obligé de jeter comme lest les paniers qui contenaient ces pauvres oiseaux, afin d'échapper aux balles prussiennes, ou sont-ils morts par accident : c'est ce que j'ignore.

C'est à la suite d'une série de désastres colombophiles que M. Rampont prit la résolution de confier dorénavant ces précieux messagers ailés à des spécialistes, et de ne plus les abandonner à des aéronautes qui n'avaient pas l'habitude de les manier ; les lâchaient souvent à la brune, toujours par un vent contraire, quand le Pigeon avait 200 kilomètres à franchir pour rentrer chez lui, et souvent par la pluie et le brouillard, au lieu de retarder le lâcher jusqu'au lendemain matin, afin d'épargner au pauvre Pigeon de devoir chercher un gîte pour la nuit dans un grenier de ferme ou un endroit inconnu, au risque de devenir la proie des chats ou des oiseaux nocturnes.

M. Rampont fit appel aux sentiments de patriotisme et de dévouement des membres de la Société colombophile l'*Espérance*, dont le président, M. Ed. Cassiers (Belge), le vice-président, M. Louis Van Rosebeke (Belge) et trois membres, MM. Nobécourt, Traclet et Thomas, tous trois Français, offrirent spontanément à M. le directeur des postes de sortir de Paris en ballon, d'emporter leurs facteurs ailés, de ne plus s'en séparer, de rester au service de la France pendant toute la durée de la guerre, et de s'aventurer jusqu'aux avant-postes prussiens pour lancer leurs Pigeons avec des dépêches pour Paris.

Ces messieurs partirent successivement par les ballons dont les noms suivent, pour se mettre à la disposition du Gouvernement de la défense nationale : MM. Van Rosebeke, le 12 octobre, par le *Washington* ; Traclet, le 12 octobre, par le *Louis-Blanc* ; Cassiers, le 27 octobre, par le *Vauban* ; Nobécourt, le 12 novembre, par le *Daguerre* ; Thomas, le 18 novembre, par le *Général-Uhrich*.

Le *Washington*, commandé par M. Bertaux, s'éleva de la gare d'Orléans le 12 octobre 1870, à huit heures du matin, et emporta dans sa nacelle M. Louis Van Rosebeke, vice-président de la Société colombophile *l'Espérance* de Paris, et délégué par l'administration de la poste pour le service des correspondances par Pigeons voyageurs ; M. Lefébure, vice-consul d'Autriche ; 300 kilogrammes de dépêches et vingt-cinq Pigeons de course.

L'aérostat passa successivement au-dessus de Saint-Denis, Chantilly, Creil, Compiègne, Noyon et Ham, où il traversa les nuages jusqu'à son atterrissage.

A Saint-Denis, le ballon essuya une première fusillade partie des avant-postes prussiens, et comme le baromètre n'indiqua qu'une altitude de 800 mètres, les voyageurs furent sérieusement inquiétés par le sifflement des balles ennemies, qui ne cessa que lorsque l'aéronaute avait jeté du lest, qui fit monter le ballon hors de portée de fusil, à une altitude de 1600 mètres.

Les Prussiens continuèrent néanmoins à tirer sur le ballon jusqu'à Compiègne, mais sans l'atteindre et sans effrayer davantage les passagers.

Malgré le lest que l'aéronaute ne cessait de jeter, la force ascensionnelle du ballon sembla diminuer sensiblement, à cause des coups de vent qui le rabattaient complétement, et il finit par toucher terre violemment, près de Cambrai, à onze heures et demie, par un vent furieux.

Le ballon bondissait avec rage, et l'aéronaute, debout sur le rebord de la nacelle, tenta une manœuvre qu'il croyait devoir être salutaire, quand, entraîné par l'ancre qu'il voulait lancer, il fit dans le vide une chute terrible et tomba dans un champ de betteraves.

Le ballon continuait à bondir et à redescendre, et M. Lefébure, perdant la tête, eut l'imprudence de sauter de la nacelle pendant qu'elle traînait à terre ; le ballon, subitement allégé de ce poids, eût indubitablement remonté dans les nuages sans la présence d'esprit de M. Van Rosebeke, qui tira la corde de la soupape, comme il avait vu faire par l'aéronaute.

Cependant la déperdition du gaz ne se faisait pas assez vite, et, poussé par un vent épouvantable, le ballon eût évidemment traîné encore longtemps, si un rideau d'arbres ne l'eût arrêté et déchiré complétement.

M. Van Rosebeke eut le pied foulé et fut fortement contusionné par la violence du choc.

Bientôt il fut entouré par une foule de braves et honnêtes Français qui accoururent de toutes parts et aidèrent M. Van Rosebeke à enlever de la nacelle les sacs de dépêches et les paniers de Pigeons, et à les charger sur une voiture qui fut conduite chez MM. Bricout Ledieu, conseiller municipal de Carnière, où le malheureux aéronaute M. Bertaux, un jeune homme plein d'avenir, avait reçu les premiers soins.

(M. Bertaux ne s'est jamais remis de sa chute, et est mort en revenant à Paris, après l'armistice.)

M. Bertrand, maire de Cambrai, informé sans doute de ce fait, eut l'obligeance de mettre sa voiture à la disposition des passagers, et les fit conduire à Cambrai, où M. Van Rosebeke remit les sacs de dépêches de Paris au directeur du bureau de poste.

M. Van Rosebeke se rendit ensuite à Tours, emportant ses vingt-cinq Pigeons, où il arriva le 14 octobre, se mit immédiatement à la disposition de la délégation, et organisa le service des dépêches pour Paris par Pigeons voyageurs.

Le 16 octobre suivant, les premiers Pigeons furent lâchés à Blois avec des dépêches, et la poste par Pigeons fut ouverte au public par le gouvernement.

Le *Louis-Blanc*, qui avait quitté Paris le même jour, emportant M. Traclet et huit Pigeons, tomba à Béclerc, dans la province du Hainaut, en Belgique, sans accidents.

Le président de la Société colombophile fut moins heureux. Il emporta cinq paniers de Pigeons voyageurs, et M. le général Trochu lui confia des dépêches qu'il devait remettre à M. le général Bourbaki, avec ordre cependant de les détruire en cas de descente dans le district occupé par l'ennemi.

C'est malheureusement ce qui arriva.

Le *Vauban*, commandé par l'aéronaute Guillaume, marin,

quitta la gare d'Orléans le 27 octobre, à neuf heures du matin, et tomba à une heure du soir à Vignoles (Meuse), en plein pays occupé par les Prussiens. La descente avait été rapide, et M. Cassiers, à la suite d'un long traînage, fut grièvement blessé.

Trois hommes accoururent, que les voyageurs prirent pour des Prussiens qui allaient les faire prisonniers et les fusiller peut-être ; mais ils en furent quittes pour une petite émotion : c'étaient heureusement des paysans français qui aidèrent le président de la Société colombophile à cacher ses Pigeons, et lui servirent ensuite de guides, ainsi qu'à ses compagnons de voyage, pour les conduire à Vignoles chacun par un chemin différent, afin de ne pas éveiller les soupçons des Prussiens.

L'aéronaute, M. Guillaume, un brave marin, refusa de se séparer de ses sacs de dépêches ; et, au risque de sa vie, il attendit l'obscurité de la nuit pour les transporter à la mairie de Vignoles, et les cinq paniers de Pigeons voyageurs également.

Les Pigeons furent confiés ensuite à un garde forestier, dont je regrette de ne pas connaître le nom, qui les porta encore de nuit à Montmédy ; car il était très-périlleux, à cette époque, d'être surpris par les Prussiens avec des Pigeons voyageurs, et il n'y avait qu'un seul moyen d'échapper à la vigilance des uhlans, c'était de tracer sa route la nuit à travers champs.

De Montmédy, les Pigeons furent expédiés à Namur, en Belgique, de là à la préfecture de Lille, et finalement à Tours, par ordre du Gouvernement de la défense nationale (1).

Ces remarquables facteurs ailés, après ce long voyage, rendirent d'immenses services à la France, car ils étaient tous de bonne race anversoise et de vieux routiers.

Plusieurs rentrèrent à Paris deux et trois fois avec des dépêches officielles et des milliers de dépêches privées. L'un d'eux

(1) M. Cassiers ne fut pas même autorisé à lâcher un de *ses* pigeons pour annoncer à M. le général Trochu qu'il avait été obligé de détruire les dépêches qu'il devait remettre à M. le général Bourbaki.

surtout, rentra quatre fois à Paris pendant le siége et fut quatre fois ramené à Tours par ballon. La première fois il avait perdu sa dépêche, qui avait été mal attachée à la queue par la main inexpérimentée d'un aéronaute.

La seconde fois, le 21 octobre, il apportait de Blois une dépêche officielle, le n° 11.

La troisième fois, le 23 novembre, il rentrait à Paris avec la dépêche officielle portant le n° 26.

La quatrième fois, le 18 décembre, il fit son entrée triomphale dans son colombier avec la dépêche officielle portant le n° 36, attachée à une plume de la queue; mais, hélas! il avait été atteint par une balle prussienne qui l'avait grièvement blessé.

Voilà donc un seul Pigeon qui rentra à Paris quatre fois pendant l'hiver avec des dépêches pour les assiégés, et il y rentra une cinquième fois, au mois de février, après sa guérison, lorsqu'on lâcha aux Ormes les vingt-quatre Pigeons qui restaient encore après la capitulation de Paris et dont les services n'étaient plus réclamés.

Deux des Pigeons de M. Van Rosebeke se distinguèrent de la même façon. Ainsi, le premier rentra trois fois et le second quatre fois avec des dépêches à Paris. Le 18 octobre, à neuf heures du matin, il lâcha trois pigeons à Blois, et à une heure ils furent de retour à Paris.

Et M. Derouard, secrétaire de la Société colombophile, eut la satisfaction de voir rentrer un de ses Pigeons six fois à Paris pendant le siége.

Cela ne fait-il donc pas pitié lorsqu'on voit des journalistes, dont l'incompétence en matière colombophile est manifeste, écrire dans les journaux que le Pigeon voyageur perd ses facultés pendant l'hiver, et ne voyage pas, parce que, sur trois cent soixante-trois Pigeons de race douteuse, il y en a eu seulement cinquante-sept qui sont rentrés à Paris pendant le siége.

Ces chiffres sont d'abord complétement erronés, tant à la sortie qu'à la rentrée, et ont été calculés d'après le système que M. Pouyer-Quertier qualifia de « l'ami qui vient me voir le matin et qui part le soir, cela fait deux amis », comme je le démontre à la fin de ma note dans mes conclusions. Quant aux Pigeons qui ne sont pas rentrés, les causes en sont multiples et ne compromettent en rien la réputation de ces remarquables volatiles; elles ne sont attribuables qu'à des circonstances majeures, à l'imprévoyance et à l'incompétence des aéronautes, qui n'avaient pas l'habitude de les soigner et de les manier, et à la mauvaise race de la plupart des Pigeons dont le Gouvernement s'est servi.

M. E. Nobécourt, membre de la Société colombophile, quitta Paris le 12 novembre par le ballon *le Daguerre*, aéronaute Jubert, marin, et emporta trente Pigeons voyageurs.

Le même jour, M. Dagron sortit de Paris par le *Niepce*, et emporta les merveilleux appareils de photographie microscopique avec lesquels l'intelligent artiste photographia les dépêches qui furent expédiées à Paris par Pigeons voyageurs, et qui furent le sujet de l'admiration et de l'étonnement du monde entier.

Le *Daguerre*, atteint par les balles prussiennes, échoua à Jossigny.

Les Prussiens accoururent, firent prisonnier M. Nobécourt et s'emparèrent de ses Pigeons qu'il avait cachés en toute hâte dans les broussailles sur la lisière d'un bois.

M. Nobécourt eut le temps cependant, avant que les Prussiens bondissent sur lui, de lâcher six Pigeons qui rentrèrent à Paris le lendemain, à dix heures du matin, avec une dépêche annonçant ce malheur à son père.

M. Nobécourt fut transporté en charrette jusqu'à Versailles, où il fut enfermé dans une cellule pendant quinze jours.

Les Prussiens l'amenèrent ensuite à Nogent-l'Artaud et lui firent faire la route à pied entre deux uhlans; il coucha successivement dans les églises de Corbeil, Journan et Coulommiers.

Finalement, il fut envoyé dans un wagon de bestiaux à Glatz en Silésie, et subit cinq mois de captivité, dont quatre mois de cellule et un mois de voyage pénible.

Ce fut un des Pigeons voyageurs de M. Nobécourt qui, lancé par les Prussiens, apporta à Paris la fausse dépêche suivante :

« Orléans repris par ces diables. Partout population acclamante. »

C'est M. Nobécourt père qui retrouva dans le colombier de son fils six Pigeons, tous porteurs de la même fausse dépêche, et qui la porta à M. Rampont, directeur général des postes.

Mais le tour avait été joué trop grossièrement pour passer inaperçu.

D'abord les hommes spéciaux, MM. Cassiers, Van Rosebeke et les autres membres de la Société colombophile, qui avaient l'habitude de manier les Pigeons de course, attachaient toujours, selon les règles, les dépêches par un fil *ciré* à l'une des plumes caudales de l'oiseau.

Or, les Prussiens, ne sachant comment s'y prendre, avaient attaché les dépêches à l'une des rémiges des ailes des innocents volatiles, et les avaient liées par des fils non cirés.

De plus, les dépêches étaient signées Lavertujon, qui se trouvait précisément à Paris. La charge était donc par trop grossière. C'était maladroit, messieurs les Prussiens !

M. Thomas, propriétaire de Pigeons, quitta Paris par le ballon *le Général-Uhrich*, aéronaute Lemoine, le 18 novembre, à onze heures quinze minutes du soir, et descendit sans accident à Luzarches, le lendemain matin à huit heures.

Ce fut l'inauguration des départs mystérieux et nocturnes.

A la suite d'une série de désastres, M. Rampont, directeur général de la poste aérienne, prit la décision de faire des départs de nuit, afin de permettre aux ballons de traverser les lignes prussiennes à la faveur des ténèbres, sans s'exposer aux fusillades ennemies dont ils avaient été régulièrement assaillis le jour jusqu'alors.

J'ai sous les yeux un tableau, qui m'a été remis par M. Cassiers, indiquant les noms et les heures de départ et d'arrivée des soixante-quatre ballons qui furent lancés de Paris pendant le mémorable siége, et je lis à mon grand étonnement ce qui suit :

« Ballon *Général-Faidherbe*, aéronaute Van Seymortier ; passagers, M. Hurel et cinq chiens. »

Des chiens, grand Dieu ! Il ne manque plus que les oies du Capitole !

Une idée me frappe : j'ai dans mon cabinet de travail un tableau de Joseph Stevens représentant des chiens savants, affublés d'uniformes de soldats, qui fusillent un déserteur ; j'ai donc l'intime conviction qu'un rôle stratégique a été confié à ces cinq fidèles amis de l'homme, car il n'est guère admissible qu'un ballon ait été mis gracieusement à leur disposition pour les laisser sortir de la ville comme bouches inutiles.

Mais à qui m'adresser pour pénétrer ce mystère qui m'intrigue énormément et que je suis résolu d'éclaircir ?

« A l'hôtel des Postes, rue Jean-Jacques-Rousseau , à M. Chassinat, qui les a fait partir », me répond le vice-président de la Société colombophile. « Je les ai vus à Blois, ajoute-t-il, c'étaient cinq superbes chiens bouviers de grande taille, forts à étrangler dix Prussiens. »

Je me rends à l'hôtel des Postes, auprès de M. Chassinat, directeur des postes de la Seine, qui a l'amabilité de me relater l'histoire, dans ses détails les plus intimes, des cinq célèbres cerbères qui, à ma connaissance, sont les seuls membres de la race canine qui aient eu l'honneur de s'élever dans les airs à une altitude de 1600 mètres.

M. Hurel, le propriétaire des chiens, sans leur avoir attribué le remarquable instinct d'orientation que possèdent les aimables Pigeons voyageurs, ne leur avait pas moins accordé le mérite d'une faculté spéciale, celle d'une surprenante mémoire. Dans une entrevue avec M. Rampont, directeur général des postes, il avait affirmé que ses intrépides mâtins, qu'il désignait sous les noms de *Paul*, *l'Ours*, etc., avaient depuis plusieurs années l'habitude de conduire des troupeaux de bestiaux de la Normandie à Paris ; que bien des fois il lui était arrivé de retourner par chemin de fer à Paris, et qu'au lieu de faire la dépense de billets de retour pour ses chiens, dont il vantait la remarquable intelligence, il les avait invariablement abandonnés à leur sort, et que toujours, à sa rentrée au logis, il les avait retrouvés couchés dans la remise, plongés dans cette somnolence méditative qui est particulière aux chiens de forte taille, comme s'ils n'eussent pas quitté la maison de toute la journée.

M. Hurel offrit de mettre ses cinq remarquables chiens bouviers à la disposition de l'administration de la poste pour les faire rentrer à Paris avec des dépêches cachées sous leurs colliers. M. Rampont, non sans hésitation, accepta les services tant soit peu douteux de M. Hurel et de ses cinq quadrupèdes, et leur offrit une place dans la nacelle du ballon *le Général-Faidherbe*, aéronaute Van Seymortier, qui s'éleva de la gare du Nord le 13 janvier 1871, à trois heures trente minutes du matin.

Les cinq cerbères furent soigneusement enfermés, par mesure de précaution, dans des sacs de forte toile, afin de les empêcher de gagner des accès de frayeur et de se précipiter dans le vide pendant leur voyage aérien.

L'aérostat accomplit son voyage sans accident; le vent souffla sans violence; et les chiens ne bougèrent ni ne cherchèrent à se débarrasser de leur emballage, qui les mettait, du reste, à l'abri du froid.

Le ballon atterrit à Saint-Avit (Gironde), et le premier soin de M. Hurel fut de déballer ses chiens, qui, en sortant sains et saufs des sacs, se doutaient fort peu de la singulière promenade dans les airs qu'ils venaient de faire.

Il s'agissait ensuite de leur faire jouer le rôle de facteurs!

Une immense quantité de dépêches photomicroscopiques furent soigneusement cachées sous la doublure de leurs colliers; et les cinq cerbères furent menés ensuite le plus près possible des lignes prussiennes, dans les environs de Chevilly, où ils furent abandonnés à leur sort exactement comme si l'on eût lâché des Pigeons voyageurs.

Je dois faire remarquer ici que les pauvres bêtes ne furent pas abandonnées sur les routes qui mènent de la Normandie à Paris et qui leur étaient familières, mais qu'elles furent lâchées dans les environs de Chevilly, près d'Orléans, dans un lieu qui leur était complétement inconnu.

Pour comble de malheur, un journaliste, dont on ne peut pas assez blâmer l'indiscrétion, avait eu assez peu de patriotisme, préférant rendre intéressant son chiffon de papier, de divulguer dans son journal la tentative qui allait être entreprise ; il en résulta qu'au moment où les troupes françaises recevaient l'ordre de respecter la vie des chiens facteurs et de ne pas les empêcher de traverser la Seine à la nage, les Prussiens avaient ordre de fusiller et de capturer tous les chiens qui se présenteraient sur leur passage.

Dans ces conditions, il est, je pense, superflu d'ajouter que les cinq beaux chiens bouviers de M. Hurel ne reparurent pas ; et, si leur propriétaire en regrette la perte, je l'engage à opérer quelques recherches en Allemagne, où, avec un peu de persévérance, il est sûr de retrouver ses intrépides mâtins à l'attache dans la cour d'honneur de quelque château prussien.

Il n'y a donc eu que les aimables Pigeons voyageurs *seuls* qui, en dépit des fusillades dont ils furent assaillis au passage des lignes ennemies, soient parvenus à introduire dans la capitale les nouvelles des grands drames qui se déroulaient sans relâche sur le territoire envahi ; et toutes les autres tentatives de communiquer avec le dehors ont été successivement déjouées par la vigilance des assiégeants.

ADMINISTRATION A PARIS.

C'était M. Chassinat, directeur des postes de la Seine, qui avait l'administration directe de la poste par Pigeons voyageurs.

M. Chassinat a fait preuve de grandes capacités et de beaucoup d'intelligence dans l'organisation d'un service aussi original que nouveau, et surtout dans le choix de son personnel, qui était composé exclusivement de spécialistes connaissant leur métier à fond.

Les membres de la Société colombophile qui ont eu affaire à M. Chassinat parlent dans les termes les plus élogieux de son affabilité et du zèle qu'il a déployé dans l'accomplissement de ses devoirs administratifs.

M. Derouard, secrétaire de la Société colombophile de Paris, était chargé de fouiller tous les colombiers de la capitale et de fournir au Gouvernement les meilleurs Pigeons voyageurs qu'il pourrait trouver dans la ville assiégée.

Sa conduite a été pleine de dévouement : il ne s'est épargné aucune peine, aucune démarche : pendant toute la durée du siége, il était constamment à son poste pour remettre la nuit, aux aéronautes en partance, les Pigeons qu'il avait recueillis le jour.

M. Derouard était l'homme indispensable à Paris ; et, sans lui, le service de la poste par Pigeons voyageurs n'eût pas marché avec régularité.

L'administration des postes plaça un surveillant dans chaque colombier qui avait fourni des Pigeons au Gouvernement, pour guetter le retour des facteurs ailés avec les dépêches.

A l'arrivée d'un Pigeon, le propriétaire, conduit sous escorte, le portait à M. Chassinat, qui dépouillait l'intéressant messager de sa dépêche. (Voyez à la fin les décrets officiels.)

ADMINISTRATION A TOURS.

A Tours, c'était M. Steenackers qui était directeur général des télégraphes et des postes par Pigeons voyageurs.

Le colonel et le commandant des aérostiers militaires avaient la direction du service des Pigeons voyageurs, qu'ils ne connaissaient pas du tout.

MM. Cassiers et Van Rosebeke, deux Belges, étaient chargés de se rapprocher le plus près possible des lignes prussiennes et de lancer les Pigeons avec les dépêches pour Paris.

MM. Traclet et Thomas étaient chargés d'aider MM. Cassiers et Van Rosebeke dans leur tâche périlleuse.

M. Nobécourt, étant retenu prisonnier en Allemagne par les Prussiens, avait été remplacé par M. Thomas ; mais il a fourni néanmoins plusieurs Pigeons au Gouvernement de la défense nationale, entre autres les six innocents oiseaux qui ont apporté la fausse dépêche prussienne.

Chaque propriétaire de Pigeons qui sortait de Paris en ballon était emmené, après son atterrissage, sous escorte à Tours avec ses Pigeons, dont le Gouvernement prenait possession (1).

LACHER DES PIGEONS.

MM. Cassiers et Van Rosebeke rivalisèrent d'audace et de zèle dans l'accomplissement de leurs devoirs, et l'on ne saurait assez louer leur conduite désintéressée et pleine de dévouement à la France, leur patrie adoptive.

C'est ainsi qu'on les voit s'aventurer quarante-quatre fois pendant le siége, au risque de leur vie, jusque près des lignes prussiennes, pour lancer deux cent douze Pigeons voyageurs, avec quarante-quatre séries ou cent quinze mille dépêches officielles du Gouvernement de la défense nationale et un million de dépêches privées photomicroscopiques et mandats de poste.

A la pointe du jour, lorsque les campagnes étaient désertes ; lorsqu'on ne voyait plus sur les routes que des ennemis ; lorsque plus aucun train de chemin de fer ne marchait dans ces lieux abandonnés, une locomotive, chauffée expressément pour ces hommes dévoués, était lancée à une vitesse de 70 kilomètres à l'heure, avec un seul wagon blindé, sur des rails rongés par la rouille, jusque près des lignes prussiennes.

Là ils lâchaient leurs Pigeons de course avec les dépêches du Gouvernement attachées à une plume caudale ; et la locomotive, immédiatement après, rebroussait chemin pour ramener le plus vite possible au point de départ les braves délégués de la poste.

Plusieurs fois ils furent assaillis par des fusillades parties des avant-postes prussiens ; mais cela ne les empêcha pas de lâcher leurs messagers fidèles et de renouveler le lendemain leur audacieuse entreprise.

Ils rentrèrent à Orléans à la suite des troupes victorieuses du général d'Aurelles de Paladines, et y lancèrent des Pigeons

(1) Le Gouvernement de la défense nationale fit arrêter, à leur atterrissage, tous les propriétaires de Pigeons et les fit conduire sous escorte à Tours et à Bordeaux.

avec les précieuses dépêches pour Paris annonçant la victoire de Coulmiers et la reprise d'Orléans par les Français. La réception de ces dépêches causa une joie indescriptible dans la capitale assiégée.

Hélas! le 6 décembre, le cœur serré, ils eurent à lancer d'autres Pigeons, du haut de la cathédrale de Blois, avec des dépêches annonçant aux Parisiens la triste nouvelle de la reprise d'Orléans par les Prussiens et de la déroute de l'armée de la Loire.

Par mesure de précaution, ils avaient lancé ce jour-là quatre Pigeons ayant chacun la même dépêche attachée à la queue. L'un de ces pauvres oiseaux, appartenant à M. Cassiers, rentra à Paris, le lendemain de ce jour néfaste, tout couvert de sang : il avait reçu un coup de feu en traversant les lignes prussiennes.

C'est alors que M. de Moltke annonça la défaite de l'armée de la Loire à M. le général Trochu, et lui offrit de laisser sortir de Paris un officier pour s'assurer de l'authenticité de ses assertions.

Il n'y avait malheureusement pas lieu de suspecter la véracité des allégations du général prussien, car M. le gouverneur de Paris avait déjà eu la douleur d'apprendre la nouvelle du terrible désastre par les dépêches que lui avaient apportées les Pigeons voyageurs lancés de Blois ; comme on l'apprit à Tours le lendemain, le 7 décembre, par le ballon *le Denis-Papin*, qui annonça que les Pigeons porteurs de la triste nouvelle étaient rentrés à Paris.

Après la reprise d'Orléans, MM. Cassiers et Van Rosebeke étaient installés à la préfecture de Poitiers, d'où ils continuèrent à s'avancer, tantôt par des trains spéciaux, tantôt en cabriolet, au risque d'être fusillés à chaque instant, près des lignes prussiennes, pour lancer leurs Pigeons ; jusqu'à ce que finalement, après la capitulation de Paris, ils lâchèrent leurs vingt-quatre derniers aimables facteurs ailés, les 1er et 2 février, aux Ormes, avec le restant des dépêches photomicroscopiques.

Les dépêches introduites dans Paris par les Pigeons voyageurs qui furent lancés par ces hommes spéciaux furent publiées le lendemain dans le *Journal officiel* et communiquées ensuite par ballons à toute la France.

C'est ainsi que je lis dans un bulletin télégraphique de Cherbourg, daté du 11 janvier 1871 :

Intérieur à Préfets et sous-Préfets.

Bordeaux, 11 janvier.

Le ballon *le Gambetta*, parti hier soir de Paris et tombé dans la Nièvre, près de Clamecy, nous apporte les dépêches suivantes :

Au gouvernement de Bordeaux.

..... Les nouvelles apportées hier par un Pigeon ont produit un effet immense. La population est animée plus que jamais du sentiment et de la résolution d'une résistance opiniâtre.

Commissaire délégué à Steenackers, directeur général télégraphes et postes.

Paris, 10, une heure du matin.

Enfin neige disparue, un de vos Pigeons est arrivé le 8 janvier au soir (lancé le matin à Saint-Pierre-les-Corps), apportant les dépêches officielles et la deuxième série, nᵒˢ 35, 36, 37 et 38, et les dépêches privées microscopiques de la page 1 à 63 de la 2ᵉ série et de 1 *bis* à 14 *bis*.

Nous sommes heureux des bonnes et nombreuses nouvelles apportées par votre messager. A l'heure qu'il est nous les déchiffrons encore.

Les Prussiens sont pressés et bombardent Issy, Vanves et un peu Montrouge. Les obus tombent sur le Panthéon, l'Odéon, l'église Saint-Sulpice et la rue de Babylone.

La population est admirable.

Aucun effroi.

Les nouvelles apportées par votre Pigeon, et communiquées le 9 par les journaux, redoublent tous les courages.

Vive la République !

L'Éveillé, chef du cabinet administrative télégraphique, à Steenackers, directeur général.

Paris, 10 janvier.

Bombardement affaibli, sauf pendant la nuit. Obus nombreux sur le quartier Saint-Jacques. Population raffermie par heureuses nouvelles de la province et plus de 30 000 dépêches privées arrivées par le pigeon. Population supporte l'épreuve sans broncher.

L. Gambetta vous porte des remercîments.

Vive Paris ! vive la France ! Vive la République !

Pour copie :

Le Sous-Préfet,

AMIARD.

Mon désir étant d'accorder à chacun ce qui lui revient, je ne puis passer sous silence les nombreuses plaintes qui m'ont été adressées par le président et le vice-président de la Société colombophile, qui avaient été préposés aux lâchers des Pigeons, de l'incapacité et de l'ingérence regrettable dans leurs faits et gestes des chefs qui leur avaient été donnés et qui avaient reçu le titre pompeux de colonel et de commandant des Pigeons de course.

Il a fallu tout le fonds de naïveté de ces illustres nullités pour prendre au sérieux leurs titres et pour inaugurer leur commandement en chef de l'armée des Pigeons par un ordre pressant qui fut envoyé au tailleur chargé de leur faire à chacun un brillant uniforme dans le plus bref délai possible.

C'est par ce temps de malheurs et de désastres qui accablaient la France sans relâche ; en présence de l'armée de la Loire qui manquait de souliers ; et lorsque tous les gens sérieux ne songeaient qu'à porter le deuil, que le colonel et le commandant des Pigeons se présentèrent tout galonnés d'or au milieu des paniers qui contenaient leur armée de volatiles, pour donner tous les jours de nouvelles preuves de leur incompétence en matière colombophile et de leur incapacité.

Pour faire preuve d'indulgence, je ne citerai qu'un seul des nombreux cas de leur ingérence déplorable dans les actes des gens spéciaux qui avaient été chargés des lancers des Pigeons voyageurs.

Comme je dis dans ma note précédente, un Pigeon ne voyage pas la nuit ni par un temps de pluie, de neige et de brouillard, parce que le Pigeon ne possède pas les facultés des oiseaux nocturnes et ne voit pas la nuit : que la pluie lui

Tableau des lâchers de Pigeons voyageurs avec des dépêches du Gouvernement de la défense nationale, pendant le siége de Paris de 1870-1871.

NUMÉROS.	DATES.	LIEUX DES LACHERS.	NOMBRE de pigeons.	NOMBRE des dépêches.
1	16 octobre 1870...	Blois.	3	1
2	18 id.	Id.	6	2
3	19 id.	Id.	4	1
4	20 id.	Id.	4	1
5	21 id.	Id.	4	1
6	22 id.	Id.	4	1
7	23 id.	Id.	6	2
8	24 id.	Id.	4	1
9	25 id.	Id.	4	1
10	26 id.	Id.	8	2
11	29 id.	Id.	3	1
12	2 novembre 1870.	Id.	10	3
13	5 id.	Id.	6	2
14	7 id.	Id.	5	1
15	8 id.	Nogent-le-Rotrou	4	1
16	10 id.	Id.	6	2
17	12 id.	Cercottes (près d'Orléans).	6	1
18	16 id.	Id.	10	1
19	18 id.	Id.	6	2
20	22 id.	Id.	6	2
21	25 id.	Id.	3	1
22	27 id.	Id.	4	1
23	28 id.	Id.	4	1
24	30 id.	Id.	8	2
25	1er décembre 1870.	Id.	3	1
26	2 id.	Id.	3	1
27	4 id.	Id.	6	2
28	6 id.	Blois.	3	1
29	8 id.	Id.	3	1
30	9 id.	Id.	3	1
31	14 id.	Monts (près de Tours).	4	1
32	16 id.	Montlouis	4	1
33	19 id.	Id.	5	1
34	20 id.	Monts	4	1
35	3 janvier 1871...	Saint-Pierre-les-Corps.	5	1
36	6 id.	Id.	5	1
37	8 id.	Id.	5	1
38	15 id.	Id.	5	1
39	16 id.	Id.	5	1
40	18 id.	Sainte-Maure	5	1
41	21 id.	Id.	5	1
42	26 id.	Id.	5	1
43	29 id.	Villeperdu	3	1
44	30 id.	Sainte-Maure	3	1
45	1er février 1871...	Les Ormes.	10	le restant des dépêches publiques.
46	2 id.	Id.	12	
		Total.	234	

mouille les ailes et rend son vol trop laborieux pour entreprendre de longues courses, et la neige et le brouillard l'empêchent de s'orienter.

Or, le colonel et le commandant des Pigeons ne tinrent absolument aucun compte ni de la pluie ni du beau temps, et ordonnèrent des lâchers par des temps impossibles, souvent au moment du coucher du soleil, lorsque le Pigeon avait 300 kilomètres à franchir pour rentrer dans Paris.

C'est ainsi qu'à Mantes, me raconte le vice-président de la Société colombophile, un lâcher fut ordonné par le colonel des Pigeons, sur la brune, par un temps de givre piquant et de brouillard intense.

M. Van Rosebeke eut l'énergie de s'opposer à ce lâcher insensé, et fit remarquer à son colonel que tous les Pigeons auraient été perdus.

« Faites-moi grâce, monsieur, de vos jérémiades perpé-
» tuelles, et lâchez les Pigeons ! » répondit le colonel d'un ton bourru.

Les Pigeons furent lancés, et, à la confusion de M. le colonel et aux éclats de rire de la foule, les oiseaux ne prirent leur vol que pour aller se reposer sur la toiture de la gare.

Pendant la nuit, M. Van Rosebeke posa une échelle contre la corniche du toit et reprit ses facteurs ailés.

C'est ainsi qu'une grande partie de ces précieux messagers furent perdus.

Cela n'empêche pas que ces deux illustres nullités ont été décorées de la Légion d'honneur par M. Gambetta, pour services distingués dans les postes les plus avancés et les plus périlleux ; tandis que les pauvres diables, les hommes spéciaux qui s'étaient constamment avancés, au risque de leur vie, jusqu'aux lignes prussiennes, pendant que leurs chefs jouaient au billard et fumaient des cigares, comme dit M. Gaston Tissandier dans son charmant ouvrage *En ballon pendant le siége,* ont été mis à la porte avec tous les honneurs dus à leur modeste rang.

J'espère que tôt ou tard justice sera faite à ces braves gens, et, lorsque le Gouvernement aura pris la décision d'établir des stations militaires de Pigeons de course dans les forteresses de la France, que M. le ministre de la guerre se ressouviendra des services rendus par ces hommes spéciaux et des fautes commises par les chefs incompétents. Je recommande à Son Excellence de prendre alors à son service ces hommes qui ont fait preuve de capacité et de courage sans relâche pendant toute la durée de leur périlleuse entreprise, et de ne recruter son personnel que parmi les personnes qui ont eu l'habitude de manier les Pigeons voyageurs.

A mon avis, c'est aux directeurs des postes que devrait être confiée la direction des stations militaires de Pigeons voyageurs, attendu que le wagon qui est mis à leur disposition par chaque train pour le transport des lettres pourrait aussi servir au transport des Pigeons, qui ont besoin de voyager continuellement pour en faire de bons sujets; et les employés de la poste qui accompagnent les lettres pourraient très-bien lancer les oiseaux au lieu indiqué par leurs chefs, sans qu'il y eût pour eux un surcroît de besogne, car un lâcher de Pigeons se fait en moins d'une minute.

LES DÉPÊCHES PHOTOMICROSCOPIQUES DE M. DAGRON.

J'ai eu l'honneur de voir plusieurs fois M. Dagron, le célèbre photographe, dont les merveilleuses dépêches microscopiques introduites dans Paris par les Pigeons voyageurs pendant le siége ont étonné le monde entier et étonnent encore aujourd'hui les personnes qui les voient pour la première fois.

M. Dagron a eu l'amabilité de me montrer dans ses ateliers une énorme planche sur laquelle sont encore collées seize pages imprimées, grandes chacune comme une feuille d'un des grands journaux de Paris, et qui sont admirablement reproduites sur la petite pellicule transparente dont le célèbre photographe a eu la générosité de mettre 2000 exemplaires à ma disposition pour distribuer à MM. les membres de la Société d'acclimatation.

M. Dagron a eu de plus la bonté de me faire un rapport des

péripéties de son voyage en ballon et de son intéressante mission, dont les lignes suivantes ne sont qu'un abrégé :

Le ballon *le Niepce*, commandé par M. Pageno, marin, élève aéronaute, partit de Paris le 12 novembre 1870, à neuf heures du matin, emportant :

MM. Dagron, le célèbre photographe ;

     Fernique, ingénieur des arts et manufactures ;

     Poisot, artiste peintre, gendre de M. Dagron ;

     Gnocchi, préparateur de M. Dagron ;

et 600 kilogrammes d'appareils de photographie.

Le ballon *le Daguerre* partait en même temps que le *Niepce*, emportant M. Nobécourt, membre de la Société colombophile, trente Pigeons de course et le complément des appareils de M. Dagron.

MM. Dagron et Fernique étaient envoyés par M. Rampont, directeur général des postes, avec l'approbation de M. Picard, ministre des finances sous le Gouvernement de la défense nationale, pour établir en province un service de dépêches photomicroscopiques qu'on devait envoyer à Paris par Pigeons voyageurs. Ce service était réglé par un décret du 10 novembre 1870, et devait être installé à Clermont-Ferrand. M. Fernique devait, outre sa collaboration aux travaux de M. Dagron, apporter tous ses soins à l'organisation du service par Pigeons, et mettre aussi en œuvre un système de correspondance fluviale que la Délégation ne voulut pas pratiquer.

LE VOYAGE EN BALLON.

Arrivé au-dessus des lignes prussiennes, le *Niepce* fut, ainsi que son compagnon de route le *Daguerre*, accueilli par une vive fusillade. A une hauteur de 800 mètres, les balles sifflaient aux oreilles des passagers ; cependant, après avoir jeté une partie du lest, le ballon s'éleva hors de portée des balles ennemies et put continuer sa course.

Le *Daguerre*, au contraire, fut percé par les balles prussiennes, et les passagers du *Niepce*, le cœur serré, le virent descendre vertigineusement, tomber sur le mur d'une ferme près de Ferrières, et capturer par des uhlans qu'ils virent accourir de toute la vitesse de leurs chevaux.

Le *Niepce* n'avait échappé aux balles prussiennes que pour tomber finalement à son tour entre les mains de l'ennemi, après son atterrissage près de Vitry-le-François.

De nombreux paysans français, qui étaient accourus, donnèrent leurs blouses et leurs casquettes aux passagers du *Niepce*, et mirent à leur disposition deux voitures sur lesquelles fut placé en grande hâte tout le matériel de M. Dagron. A peine les voitures étaient-elles chargées, que les Prussiens arrivaient et s'emparaient de l'une d'elles. Ils mirent en joue le groupe de paysans auxquels le célèbre photographe était mêlé; mais, ne le reconnaissant pas, à cause de son déguisement, ils ne tirèrent pas. Le ballon fut capturé, et c'est à sa prise, qui préoccupait le plus l'ennemi, que les passagers durent d'échapper de ses mains, en sauvant heureusement avec eux, à travers champs, la seconde voiture.

Le maire de Vessigneul, M. Songy, cacha d'abord M. Dagron et ses compagnons de voyage dans son grenier. Cependant les Prussiens étaient sur leurs traces, et un instant après se présentèrent chez M. le maire pour réclamer les voyageurs tombés du ciel; mais l'intelligent administrateur leur répondit, avec un sang-froid qui l'honore, que ses compatriotes venaient de partir en toute hâte, et, pour donner toute l'apparence de la vérité à ses assertions, il leur montra du doigt une caisse oubliée, ajouta-t-il, dans la précipitation de leur fuite.

Les uhlans se précipitèrent sur la prétendue caisse oubliée, s'en emparèrent, et, satisfaits de la réponse de M. Songy, ils poursuivirent leur route.

Profitant de leur départ et dans la prévision d'un prochain retour en plus grand nombre, selon leur habitude, M. Songy fit monter immédiatement dans sa voiture M. Dagron et ses compagnons de voyage, et les conduisit lui-même à Fontaine-sur-Coole, chez M. le curé Cachier. Ce digne ecclésiastique, qui avait eu la veille à loger deux officiers prussiens et qui, d'un instant à l'autre, devait en recevoir d'autres, sachant aussi l'ennemi aux poursuites de ses hôtes, se hâta de les faire partir par le derrière de sa maison, afin d'éviter la rencontre des Prussiens et l'indiscrétion des habitants.

M. le curé de Fontaine-sur-Coole les recommanda de la manière la plus obligeante à son digne collègue M. Darcq, curé de Cernon, où ils arrivèrent exténués de fatigue et de faim à dix heures du soir.

M. Darcq et Mme Darcq, sa respectable mère, s'empressèrent de donner les soins les plus dévoués aux infortunés voyageurs, et c'est ainsi que, d'étape en étape, constamment poursuivis par les Prussiens, qui s'emparèrent encore à Airollin d'une partie d'appareils importants pour le travail de la mission de M. Dagron, les malheureux passagers du *Niepce*, après avoir échappé dix fois à la mort comme par miracle, arrivaient à Tours, exténués de fatigue, chez M. Gambetta, le 21 novembre, à neuf heures du matin. M. Fernique, qui avait pu gagner Tours par un autre chemin avant ses compagnons de voyage, y fut mandé aussitôt. MM. Dagron et Fernique firent prendre connaissance de leur traité du 10 novembre avec M. Rampont, directeur général des postes, signé par M. Picard, ministre des finances.

La Délégation, sur les avis de M. Barreswil, l'éminent chimiste, avait eu aussi l'idée de réduire les dépêches photographiquement par les procédés ordinaires. Dans cette vue, la Délégation avait décrété, le 4 novembre, l'organisation d'un service analogue.

Un habile photographe de Tours avait commencé ce travail sur papier, en reproduisant deux pages d'imprimerie sur chaque côté de la feuille; mais, en dehors de l'inconvénient grave du poids (car le Pigeon ne peut être chargé que de très-peu de lest), la finesse du texte était limitée par le grain et la pâte du papier.

Après quelques jours perdus, mis en demeure par M. Steenackers, directeur des télégraphes et des postes de la Délégation, de fournir un spécimen de sa photomicroscopie sur pellicule, l'exemplaire que M. Dagron produisit fut trouvé tout à fait satisfaisant, et dès lors la photographie sur papier abandonnée pour les dépêches.

La merveilleuse pellicule de l'habile photographe, outre son extrême légèreté, présentait les immenses avantages de ne poser en moyenne que deux secondes, tandis que le papier nécessitait plus de deux heures, vu la mauvaise saison, et d'être inaltérable par l'humidité ou la pluie; de plus, sa transparence donnait un excellent résultat à l'agrandissement qui se faisait à Paris au moyen de la lumière électrique.

Quand les dépêches étaient très-nombreuses, on divisait la petite pellicule, qui renfermait cent quarante-quatre petits carrés, afin d'en hâter la lecture à l'aide de plusieurs microscopes à la fois.

Aidé par ses collaborateurs, M. Dagron organisa immédiatement le travail de la reproduction des dépêches officielles et privées, qui devait être si utile à la défense nationale, et donner aux familles des nouvelles de leurs amis et parents absents.

A partir de ce moment, M. Dagron fut seul à exécuter les dépêches sous le contrôle de M. de Lafollye, inspecteur des télégraphes, chargé par la Délégation du service de la poste par Pigeons voyageurs. Le travail originaire fut ensuite modifié, et le résultat, eu égard au peu de matériel qui avait échappé aux Prussiens, fut une production plus rapide et plus économique.

MM. Delezenne et Dreux, agents de change à Bordeaux, tous deux amateurs distingués de photographie, ayant appris que les Prussiens s'étaient emparés d'une partie du matériel de M. Dagron, mirent avec empressement à la disposition de l'administration des postes des appareils semblables à ceux qu'il possédait.

Malgré la grande accumulation des dépêches, le stock en fut rapidement écoulé; mais le déplacement de la Délégation, et aussi le froid intense, qui paralysait les Pigeons, créèrent de sérieuses difficultés.

Lorsque rien n'entravait le vol de ces aimables messagers, la rapidité de la correspondance était vraiment merveilleuse. Voici un exemple que cite M. Dagron :

Manquant de certains produits chimiques, notamment de coton azotique, qu'il ne pouvait se procurer à Bordeaux, M. Dagron les demanda par dépêche-Pigeon, le 18 janvier, à MM. Poullenc et Wittmann, à Paris, en les priant de les lui expédier par le premier ballon partant. Le 24 janvier, les produits étaient rendus aux ateliers de M. Dagron à Bordeaux. Le Pigeon voyageur n'avait mis que douze heures pour franchir l'espace de Poitiers à Paris. La télégraphie et le chemin de fer n'eussent pas fait mieux.

Les dépêches officielles ont été exécutées avec une rapidité surprenante. M. de Lafollye les remettait lui-même à midi, à M. Dagron, et le même jour, à cinq heures du soir, malgré une saison d'hiver exceptionnellement mauvaise, dix exemplaires étaient terminés et remis à l'administration. L'habile photographe en a fait ainsi treize séries, sans être une seule fois en retard.

Les dépêches privées étaient exécutées dans les mêmes conditions. Le jour de l'armistice, il ne restait plus une seule dépêche à faire ; elles avaient été toutes reproduites au fur et à mesure de leur remise. Le travail était considérable, car, à l'exception d'un petit nombre de pellicules qui n'ont été envoyées que six fois, parce qu'elles sont promptement arrivées, la plupart l'ont été en moyenne vingt fois, et quelques-unes trente-cinq et trente-huit fois.

La pellicule étant si légère, on remit à chaque Pigeon qu'on lâchait les copies de toutes les dépêches expédiées par tous les messagers ailés qui avaient été lâchés auparavant.

Ainsi, par exemple, le dixième Pigeon qu'on lâcha portait sur lui, enfermées dans un tuyau de plume soigneusement attaché à la queue, les copies de toutes les dépêches qui avaient été confiées à ses neuf prédécesseurs de voyage, et ainsi de suite.

Chaque pellicule était la reproduction de douze ou seize pages in-folio d'imprimerie, contenant en moyenne, suivant le type employé, trois mille dépêches.

La légèreté de ces pellicules a permis à l'administration d'en mettre sur un seul Pigeon jusqu'à dix-huit exemplaires donnant un total de plus de cinquante mille dépêches pesant ensemble moins d'un demi-gramme.

Toute la série des dépêches officielles et privées que le célèbre photographe avait faites pendant l'investissement de Paris, au nombre d'environ cent quinze mille, pesaient en tout un gramme. Un seul Pigeon eût pu aisément les porter.

Si l'on veut maintenant multiplier le nombre des dépêches par le nombre d'exemplaires fournis, on trouve un résultat de plus de deux millions cinq cent mille dépêches photomicroscopiques qui ont été faites par M. Dagron pendant les deux plus mauvais mois de l'année.

Encore cela aurait-il marché beaucoup plus vite si l'administration eût permis à l'habile photographe de coller tout simplement sur sa planche les dépêches écrites et de reproduire des autographes photomicroscopiques : c'eût été peut-être moins beau à la vue, mais indubitablement beaucoup plus expéditif ; car il fallait à chaque fois un temps immense, surtout à Bordeaux, où le matériel manquait, pour faire imprimer d'abord les seize pages de dépêches, les corriger, les recorriger, etc., avant que M. Dagron les obtînt pour les reproduire sur sa pellicule (1).

On roulait les pellicules dans un tuyau de plume que des agents de l'administration attachaient à la queue du Pigeon à l'aide d'un fil ciré. Leur extrême souplesse et leur complète imperméabilité les rendaient tout à fait propres à cet usage.

A Paris, on les déroulait à l'aide d'un peu d'eau contenant quelques gouttes d'ammoniaque, et on les mettait ensuite entre deux verres.

La préparation sèche de M. Dagron a en outre le triple avantage d'être apprêtée en une seule fois, de ne donner aucune bulle et de ne pas se détacher du verre à la vue de l'image ; elle donne toute sécurité dans le travail et n'a pas les inconvénients des procédés ordinaires.

(1) Ce travail, complétement inutile, prit souvent huit à dix jours, faute de presses suffisantes, tandis qu'il aurait été bien plus simple de photographier les manuscrits, ce que M. Dagron pouvait faire instantanément.

M. Dagron pense faire plaisir aux membres de la Société d'acclimatation en joignant ici un spécimen d'une pellicule, reproduction identique de ce qu'il a fait pour la poste par Pigeons pendant le siége de Paris. Pour lui donner plus d'authenticité, l'administration a bien voulu la revêtir de son timbre auquel l'habile photographe a joint sa signature. Pour ne léser aucune susceptibilité, les noms seuls ont été changés.

M. Dagron a été le seul à reproduire sur pellicule toutes les dépêches officielles et privées, et peut se flatter d'avoir rendu d'immenses services aux malheureux Parisiens, pendant le siége, et à la France tout entière ; car, sans sa merveilleuse pellicule, la poste par Pigeons ouverte au public n'aurait jamais pu faire entrer à Paris tout le stock de dépêches que M. Dagron a photographiées avec une rapidité si surprenante.

En outre, M. Dagron, par sa remarquable pellicule, a fait encaisser des sommes immenses au Trésor, car les dépêches privées coûtaient 50 centimes par mot ; ce n'est que par décret daté de Bordeaux, le 8 janvier 1871, que la taxe a été réduite de 50 à 20 centimes par mot.

LES DÉPÊCHES PHOTOMICROSCOPIQUES DE MM. GHÉMAR FRÈRES, DE BRUXELLES.

MM. Ghémar frères, les célèbres et habiles photographes de Bruxelles, aidés de leur collaborateur, M. A. Brunin, rédacteur en chef du journal colombophile *l'Épervier*, ont fait les remarquables dépêches photomicroscopiques qui furent adressées par la légation française de Bruxelles à M. Jules Favre, ministre des affaires étrangères sous le Gouvernement de la défense nationale.

M. Brunin, qui est un des hommes les plus compétents de la Belgique en matière colombophile, était chargé des lâchers des Pigeons qui furent lancés de Bruxelles avec les dépêches officielles et les milliers de dépêches privées ; il a ainsi contribué à calmer les angoisses d'une infinité de familles parisiennes en leur envoyant par ses aimables Pigeons des nouvelles consolatrices de leurs nombreux amis et parents qui s'étaient réfugiés en Belgique pour échapper aux horreurs du siége. Il a de plus le rare mérite de n'avoir demandé aucune rémunération de ses peines au Gouvernement français (1).

LES MANDATS DE POSTE CONFIÉS AUX PIGEONS VOYAGEURS.

Grâce aussi à la photographie microscopique de M. Dagron, qui permet de mettre sur un seul Pigeon voyageur jusqu'à cinquante mille dépêches pesant ensemble moins d'un demi-gramme, l'administration des postes fut autorisée, afin de venir en aide aux malheureux assiégés, par décret du Gouvernement de la défense nationale en date du 10 novembre 1870, à délivrer, par Pigeons voyageurs à destination de Paris, des mandats de poste jusqu'à 300 francs.

Le public n'a pas oublié les prix fabuleux auxquels toutes les denrées alimentaires se vendaient à Paris pendant le siége, et la misère à laquelle étaient réduites bien des familles qui avaient ignoré jusqu'alors ce que c'était que la gêne et la faim.

La création des mandats de poste par Pigeons de course remplit de joie le cœur de tous les Parisiens qui étaient à bout de ressources et avaient des affections en province dont ils pouvaient espérer quelque secours.

Aussi la partie nécessiteuse de la population parisienne profita-t-elle amplement de la voie aérienne qui venait de lui être ouverte si opportunément, pour adoucir toutes les privations qu'elle subissait faute d'argent ; et les aimables Pigeons voyageurs apportèrent par-dessus les têtes des Prussiens ébahis des milliers de mandats de poste pendant les quatre-vingts jours de siége qui suivirent ce charitable décret, au grand soulagement des destinataires.

(1) A Bruxelles, il y avait cent mille Parisiens pendant le siége ; et dans toutes les villes de la Belgique il y avait des ambulances où les blessés français reçurent les soins les plus dévoués.

Dans les villages, les dames belges firent de la charpie, et dans les villes elles se dévouèrent à soigner les soldats blessés dans les ambulances et dans les maisons particulières.

Ces secours inattendus devenaient d'autant plus précieux, que les personnes épuisées de ressources, réduites à vendre leur mobilier et leurs objets d'art pour acheter du pain, étaient forcées de se soumettre à des sacrifices cruels à déchirer le cœur ; car, pendant le siége, rien n'avait de la valeur à Paris, excepté les denrées alimentaires et le combustible, qui se vendaient au contraire à des prix exorbitants et inabordables aux petites bourses.

CONCLUSION.

D'après les chiffres officiels, sur 363 Pigeons voyageurs mis à la disposition du Gouvernement de la défense nationale pendant l'investissement, 73 seulement sont rentrés à Paris avec des dépêches officielles et privées, et des mandats de poste, savoir : 9 en septembre, 21 en octobre, 24 en novembre, 13 en décembre, 3 en janvier et 3 en février.

Grâce aux merveilleuses dépêches pellicules photomicroscopiques de M. Dagron, au moyen desquelles il fut possible de charger chaque Pigeon des copies de toutes les dépêches expédiées précédemment, M. le général Trochu a reçu au moins cinq ou six fois les copies de *toutes* les dépêches, sans exception, tant officielles que privées, à lui adressées, à l'aide de Pigeons de course, par le Gouvernement de Tours et de Bordeaux.

Le résultat de 73 Pigeons rentrés dans Paris ne représente pas du tout 73 sujets différents, car un Pigeon, comme, par exemple, celui de M. Derouard, qui rentra six fois à Paris avec des dépêches, est compté au total comme six Pigeons, tandis qu'il n'y en avait en réalité qu'un seul. Il en est de même des Pigeons de MM. Cassiers, Van Rosebeke, Zoyet, Laurent, Jean Baert, etc., qui rentrèrent deux, trois et quatre fois dans la capitale, et qui sont comptés comme autant de Pigeons qu'ils ont fait de fois leur rentrée dans la ville investie. C'est toujours l'histoire de l'ami qui vient me voir le matin et qui part le soir, cela fait deux amis.

Il résulte de ces observations qu'il n'y avait dans la masse qu'un nombre très-limité de bons Pigeons voyageurs de vraie race de course, et que c'est ce petit nombre de messagers ailés qui, par des voyages répétés, ont introduit toutes les dépêches dans Paris ; car aussitôt un Pigeon rentré dans la ville assiégée, il fut réexpédié le lendemain par ballon à Tours ou à Bordeaux, remis à la disposition du Gouvernement, et relancé avec les dépêches les plus urgentes à la première occasion.

Les résultats obtenus pendant le siége de Paris prouvent à l'évidence que l'intensité du froid ne paralyse pas les facultés du Pigeon voyageur de vraie race de course. En effet, les oiseaux rentrés une première fois dans la capitale au mois d'octobre, comme ceux de MM. Derouard, etc., y sont aussi rentrés pendant les mois suivants de novembre, décembre et janvier (1).

Plus on approchait de la fin du siége, moins il rentrait de Pigeons dans Paris. La raison en est encore facile à démontrer : comme je viens de le prouver plus haut, le Gouvernement avait à sa disposition tout au plus une vingtaine de Pigeons voyageurs de vraie race de course ; or, tous les jours ce nombre diminuait, d'abord par la mortalité, et ensuite parce que les Prussiens et les chasseurs en tuaient. C'est ainsi que, le 18 décembre, le Pigeon de M. Cassiers rentrait pour la quatrième fois dans Paris, tout couvert de sang, par suite d'un coup de feu qu'il avait reçu en traversant les lignes ennemies ; et que M. Van Rosebeke, à sa grande indignation, retrouva à la préfecture de Blois son meilleur Pigeon, qui, après quatre courses, fut finalement tué à Blois, ainsi que cinq autres Pigeons voyageurs, par un paysan français. Ce remarquable oiseau a été empaillé par son propriétaire, et porte encore sur les rémiges des ailes les marques et les contre-marques de ses nombreux succès.

Du 26 octobre au 12 novembre, pas un seul Pigeon ne ren-

______

(1) Le Pigeon de course voyage mieux pendant l'été, parce que les jours sont plus longs et qu'il fait généralement plus beau et plus clair que pendant l'hiver. Il convient aussi d'ajouter que l'hiver de 1870-71 a été exceptionnellement rigoureux.

tra en ville, toujours par la même raison : c'est qu'une personne de Paris avait mis à la disposition du Gouvernement un lot d'oiseaux qui n'avaient jamais été dressés, et c'est précisément ce lot qui fut lancé pendant cette époque. Or, un Pigeon voyageur ne voyage qu'autant qu'il a été soumis à un entraînement régulier dans sa jeunesse, et qu'on lui a appris d'étape en étape à franchir des distances de plus en plus grandes.

Il est donc évident qu'avec des Pigeons voyageurs de vraie race de course, on aurait obtenu des résultats merveilleux et semblables à ceux qui furent obtenus avec les oiseaux de divers membres de la Société colombophile *l'Espérance* de Paris, qui rentrèrent plusieurs fois de suite dans la ville investie avec toutes les dépêches qui leur furent confiées par le Gouvernement.

A l'appui de mes appréciations, je citerai un exemple frappant dont les Parisiens furent témoins, il y a quelques semaines, au palais de l'Industrie, où le comité de l'exposition d'économie domestique organisa un lâcher de 500 Pigeons voyageurs de la Société péristérophile de Courtrai. A dix heures quarante-cinq minutes du matin, les 500 Pigeons furent lâchés aux Champs-Élysées : à deux heures du soir, 200 oiseaux étaient rentrés à Courtrai, et les 300 autres rentrèrent tous, sans exception aucune, avant cinq heures du soir.

Voilà ce que savent faire les Pigeons voyageurs de vraie race de longue course.

Je dois cependant ajouter que, pendant le siége de Paris, on ne tint aucun compte des Pigeons qui rentraient sans dépêches, et que, sur les 363 oiseaux qui furent mis à la disposition du Gouvernement de la défense nationale, il y en eut au moins 150 de perdus par accident et qui ne furent jamais lancés avec des dépêches.

Ainsi, sur les 30 Pigeons emportés par M. Nobécourt, on en compte 24 pris par les Prussiens ; de plus, 24 Pigeons lâchés aux Ormes par M. Van Rosebeke, le 1er et le 2 février, c'est-à-dire après la capitulation de Paris ; 12 Pigeons restés à la préfecture de Poitiers ; un panier de 20 Pigeons confiés au ballon qui emporta M. Gambetta, jeté comme lest, pour sauver la vie aux passagers au moment où ils étaient atteints par les balles prussiennes. Il faut ajouter à cela les Pigeons qui étaient à bord des ballons perdus en mer et capturés par les ennemis ; ainsi que ceux qui se perdirent par l'inexpérience des aéronautes qui lâchèrent leurs Pigeons souvent à cinq heures du soir, par la pluie et le brouillard, lorsque les pauvres oiseaux avaient 200 kilomètres à franchir pour retourner à leur colombier (1).

Je crois donc être dans le vrai en réduisant le chiffre de 363 Pigeons à environ 200 sujets qui furent mis réellement à la disposition du Gouvernement pendant le siége.

Aux 73 Pigeons qui rentrèrent dans Paris avec des dépêches officielles et privées, dont le chiffre total s'élève à 115 000 exemplaires originaux, sans compter les copies, il convient d'ajouter les oiseaux qui rentrèrent sans dépêches et dont on peut évaluer le nombre à environ 25.

En résumé, résultat satisfaisant, puisque M. le général Trochu, comme je le dis plus haut, eut le bonheur de recevoir toutes les dépêches qui lui furent adressées par Pigeons voyageurs, pendant l'investissement, par le Gouvernement de Tours et de Bordeaux.

La Société colombophile *l'Espérance* de Paris, et surtout ses courageux membres, MM. Cassiers, Van Rosebeke, Nobécourt etc., qui sont sortis de la ville en ballon au risque de leur vie, ont donc bien mérité de la patrie, et ils ont rendu des services incalculables à la France par leur intelligence et leur dévouement sublime pendant toute la durée de l'investissement.

Malheureusement on oublie vite les services rendus ! Et qui donc s'occupe aujourd'hui de ces intéressantes sociétés colombophiles qui ont tant de droits à la reconnaissance générale, et mériteraient si bien d'être encouragées, comme sociétés d'utilité publique, par un subside annuel du Gouvernement ?

(1) La dépêche de M. Gambetta qui annonça aux Parisiens *que de toutes parts on se levait en masse*, est datée de Montdidier, huit heures du soir !

En Belgique, toutes les sociétés colombophiles (et elles se comptent par centaines) sont encouragées par les subsides des municipalités et du Gouvernement (1).

S. M. le roi des Belges complète ces subsides par des prix de grande importance, consistant en couverts et en sommes d'argent assez considérables.

Grâce à l'encouragement que le souverain des Belges accorde aux sociétés colombophiles du pays qu'il gouverne avec tant de sagesse et de sollicitude, toutes les classes de la société belge indistinctement s'occupent de Pigeons voyageurs ; et les fils de famille sont aussi fiers d'obtenir de ces intéressants volatiles, le premier prix de Bayonne que les sportsmen de gagner le Derby.

A titre d'encouragement, que le Gouvernement français crée donc un prix annuel de 5000 francs pour un concours national de Pigeons de course, et les sociétés colombophiles de Paris, qui comptent aujourd'hui à peine cinquante membres toutes ensemble, en compteront bientôt deux mille. Alors, si le malheur veut que Paris soit jamais de nouveau assiégé, le Gouvernement trouvera dans son enceinte vingt mille Pigeons voyageurs bien dressés à son service.

Il est, je pense, superflu d'ajouter que les Pigeons de course, destinés à jouer un grand rôle dans tous les futurs siéges, méritent la plus sérieuse attention du Gouvernement.

V. La Perre de Roo.

P. S. — En étudiant les diverses imperfections qu'on peut reprocher aux Pigeons voyageurs du siége de Paris, la principale, selon moi, est la mauvaise qualité de la race des Pigeons dont s'est servi le Gouvernement de la défense nationale. En effet, il en rentrait d'autant moins à Paris que les distances à parcourir étaient plus grandes.

C'est ainsi que les Pigeons de race de longue course sont seuls rentrés à Paris aux mois de décembre et de janvier, et que tous les autres se sont égarés.

(1) M. A. Brunin, rédacteur en chef du journal *l'Épervier de Bruxelles*, m'a montré une liste de 800 sociétés colombophiles belges.

Au commencement du siége de Paris, les membres de la Société colombophile, voulant faire preuve de patriotisme, offrirent gratuitement leurs Pigeons au Gouvernement de la défense nationale. C'est bien. Mais, pendant la Commune — chose étrange — une députation composée de quelques membres se rendit à l'hôtel des Postes, rue Jean-Jacques-Rousseau, pour réclamer de M. Rampont une indemnité de 200 francs par paire de Pigeons fournis à l'administration pendant le premier siége!

A la suite d'un assez long débat, M. Rampont, directeur général des Postes, leur accorda généreusement l'indemnité réclamée, et leur compta environ 36 000 francs pour les 363 Pigeons qui avaient été mis à sa disposition pendant l'investissement.

C'était dix fois la valeur, car une paire de Pigeons voyageurs de race de longue course ne vaut guère plus de 20 francs; mais il convient d'ajouter qu'à 200 francs la paire l'administration de la Poste n'a pas fait une mauvaise affaire, puisque les cent quinze mille dépêches que les Pigeons ont introduites dans Paris ont rapporté au Trésor au moins dix fois l'indemnité payée.

DÉCRETS ET DOCUMENTS OFFICIELS

Paris, le 25 octobre 1870.

LE MINISTRE DE L'INTÉRIEUR,

Considérant qu'il importe de centraliser toutes les dépêches expédiées à Paris par le moyen des Pigeons voyageurs, afin qu'il puisse en être accusé réception d'une façon régulière et exacte ;

Considérant que la plupart des dépêches reçues jusqu'à ce jour sont chiffrées et que la traduction du chiffre est confiée à l'administration centrale des lignes télégraphiques,

ARRÊTE :

Tous les propriétaires de pigeonniers sont requis de faire porter dès leur arrivée les Pigeons reconnus porteurs de dépêches à l'administration centrale des lignes télégraphiques, rue de Grenelle Saint-Germain, 103.

La direction générale des télégraphes est chargée de détacher, de traduire et de transmettre les dépêches aux membres du Gouvernement et aux Ministres destinataires.

Fait à Paris, le 25 octobre 1870.

Le membre du Gouvernement de la défense nationale,
Ministre des Affaires étrangères,
chargé par intérim du département de l'Intérieur,
Signé JULES FAVRE.

Pour ampliation :
Le Secrétaire général par intérim,
CAMILLE SÉE.

Paris, le 27 octobre 1870.

Monsieur,

Je suis chargé de vous transmettre, au nom de Monsieur le Ministre de l'intérieur, une ampliation d'un arrêté en date du 25 octobre.

Vous apprécierez certainement les considérations qui motivent cet arrêté, et vous voudrez bien, dans l'intérêt de la transmission et traduction des dépêches qui intéressent à un si haut degré la défense du pays, en assurer l'exécution.

Vous trouverez toujours dans mon cabinet quelqu'un qui sera chargé par moi de recevoir les Pigeons porteurs de dépêches.

Agréez, Monsieur, l'expression de mes sentiments très-distingués.

Le Directeur général par intérim,
E. MERCADIER.

DÉCRET CONCERNANT LES DÉPÊCHES PAR PIGEONS.

Journal officiel de Paris.

10 novembre 1870.

Le Gouvernement de la défense nationale a rendu, sous la date du 10 novembre 1870, le décret dont la teneur suit :

Le Gouvernement de la défense nationale,

Considérant la nécessité de rétablir dans une certaine mesure les communications postales entre les départements et Paris, pendant la durée du siége,

DÉCRÈTE :

Art. 1er. L'administration des postes est autorisée à faire reproduire par la photographie microscopique, et à expédier par les Pigeons voyageurs ou par toute autre voie, des dépêches que les habitants des départements adresseront à Paris et dans l'enceinte fortifiée.

Art. 2. Ces dépêches pourront consister en quatre réponses, par OUI ou par NON, écrites sur cartes spéciales envoyées par le correspondant de Paris.

Les habitants des départements auront en outre la faculté d'expédier, sous forme de lettres, des dépêches composées de quarante mots au maximum, adresse comprise.

Art. 3. L'administration des postes mettra en vente dans les bureaux de Paris, au prix de 5 centimes, des cartes que les habitants de Paris inséreront dans les lettres adressées par eux aux personnes dont ils désirent des réponses.

Art. 4. Le prix de la *dépêche-réponse* par OUI ou par NON est fixé à 1 franc, en dehors des 5 centimes montant du prix de la carte.

Le prix des *dépêches-lettres* sera de 50 centimes par mot.

Dans les deux cas, l'affranchissement est obligatoire. Le prix en sera perçu, dans les départements, aux guichets des bureaux de poste.

Art. 5. Des mandats de poste jusqu'à 300 francs inclusivement pourront être délivrés à destination de Paris et de l'enceinte fortifiée moyennant le payement des droits ordinaires et d'une taxe de 3 francs en sus.

Art. 6. Les dépêches-réponses, les dépêches-lettres et les mandats à destination de Paris seront adressés par les soins des receveurs des postes au délégué du directeur général à Clermont-Ferrand (Puy-de-Dôme).

Art. 7. Les dépêches photomicroscopiques seront, à leur arrivée à Paris, transcrites par les soins de l'administration des postes et distribuées à domicile.

Art. 8. Le Ministre des finances est chargé de l'exécution du présent décret.

Paris, le 10 novembre 1870.

(Suivent les signatures.)

FAC-SIMILE D'UNE DÉPÊCHE-RÉPONSE

Recto.

DÉPÊCHE-RÉPONSE
(Décret du Gouvernement de la défense nationale en date du 10 novembre 1870.)

Il est dû, pour le prix de la présente carte, un droit de CINQ CENTIMES. Ce droit sera acquitté au moyen d'un timbre-poste qui sera placé dans le cadre ci-contre.

Les réponses doivent être exprimées par OUI et par NON dans les colonnes 4 à 7 ; elles ne peuvent excéder le nombre de 4. La taxe d'affranchissement des réponses, qu'elles atteignent ce nombre ou qu'elles y soient inférieures, est uniformément fixée à UN FRANC.

NOM DU PAYS où réside l'expéditeur. 1.	INITIALES du prénom et du nom de l'expéditeur. 2.	NOM ET DOMICILE (en toutes lettres) du destinataire. 3.	RÉPONSES aux quatre questions posées.			
			1re question 4.	2e question 5.	3e question 6.	4e question 7.

Verso.

La présente carte, revêtue des réponses par OUI ou par NON qui doivent être portées aux colonnes 4 à 7, d'autre part, devra être remise par l'envoyeur entre les mains du receveur du bureau de poste d'expédition, qui est tenu d'y apposer lui-même, ci-dessous, les timbres-poste destinés à en opérer l'affranchissement, et de l'adresser ensuite, par le premier courrier, au délégué du Directeur général des postes, à Clermont-Ferrand.

Ces timbres-poste, ainsi que celui de cinq centimes placé au recto, devront être laissés intacts ; ils seront oblitérés à Clermont-Ferrand.

Timbre à date
du bureau expéditeur.

Paris, le 24 novembre 1870.

LE GOUVERNEMENT DE LA DÉFENSE NATIONALE

DÉCRÈTE :

Tous les Pigeons porteurs de dépêches seront, aussitôt après avoir été recueillis, mis par l'administration des postes à la disposition du gouverneur de Paris.

Les dépêches seront immédiatement transmises par le gouverneur aux Ministres qu'elles concerneront.

Les dépêches privées seront remises par le gouverneur à l'administration des télégraphes pour être adressées aux destinataires.

Fait à Paris, le 24 novembre 1870.

Signé à la minute :

Général TROCHU, Ernest PICARD, Jules FAVRE, Jules FERRY, Emm. ARAGO, Garnier PAGÈS, Eugène PELLETAN, Jules SIMON.

Pour ampliation :

Le Secrétaire du gouvernement,

Signé Émile DURIER.

Paris, le 28 novembre 1870.

Monsieur le Directeur général,

Un arrêté du Gouvernement en date du 24 de ce mois vous a confié le soin de recueillir tous les Pigeons porteurs de dépêches et de les mettre aussitôt à la disposition du gouverneur de Paris.

Pour assurer la bonne exécution de cet arrêté, j'ai cru devoir prendre de concert avec le gouverneur les dispositions suivantes :

Le gouverneur de Paris, par lui-même ou par l'officier qui le représente, détache du Pigeon que vous lui présentez les dépêches qu'il apporte.

Vous prendrez reçu de ces dépêches; vous vous ferez remettre par le gouverneur ou son représentant celles qui en étant détachées seront destinées aux autres membres du Gouvernement et aux Ministres, et vous vous chargerez de les répartir sous votre responsabilité.

Je fais part au gouverneur des instructions que je vous transmets.

Agréez, Monsieur le Directeur général, l'assurance de ma considération très-distinguée.

Le Ministre des finances,

Signé Ernest PICARD.

Je vous prie de donner avis au Ministère des finances de l'arrivée de tous les Pigeons.

E. P.

Pour copie conforme :

Le Directeur des postes de la Seine,

CHASSINAT.

DÉCRETS DE TOURS.

(Correspondance par Pigeons.)

Tours, 7 novembre 1870.

La Délégation du Gouvernement de la défense nationale,

Considérant que depuis l'investissement de Paris, il a été établi par les soins du double service des télégraphes et des postes, au moyen de ballons partant de Paris et de Pigeons voyageurs partant de Tours, un échange spécial de correspondances destiné à suppléer, entre Tours et Paris, aux moyens de correspondance ordinaires momentanément suspendus ;

Considérant que cet échange, jusqu'à présent réservé aux communications du Gouvernement, se trouve aujourd'hui suffisamment assuré pour qu'il soit possible d'en faire profiter les particuliers pour leurs relations avec la capitale, sans en garantir cependant la parfaite régularité ;

Considérant, toutefois, que ce mode extraordinaire de correspondance, d'ailleurs coûteux, n'offre encore que des facilités très-restreintes et que les exigences supérieures de la défense nationale ne permettent d'en accorder l'usage public que dans d'étroites limites et à des conditions de taxe relativement élevées ;

Sur la proposition du Directeur général des télégraphes et des postes,

DÉCRÈTE :

Art. 1er. Il est permis à toute personne résidant sur le territoire de la République de correspondre avec Paris, par les Pigeons voyageurs de l'administration des télégraphes et des postes, moyennant une taxe de cinquante centimes par mot, à percevoir au départ, et dans des limites qui seront déterminées par des arrêtés du directeur général de cette administration.

Art. 2. Les télégrammes destinés à cette transmission spéciale seront reçus dans les bureaux de télégraphe et de poste qui seront désignés par l'administration, et transmis au point de départ des Pigeons voyageurs par la poste, ou par le télégraphe, lorsque les exigences du service général le permettront.

Il ne sera perçu aucune taxe complétementaire à raison de la transmission postale ou télégraphique, ni à raison de la distribution des télégrammes à domicile à Paris.

Art. 3. L'État ne sera soumis à aucune responsabilité à raison de ce service spécial. La taxe perçue ne sera remboursée dans aucun cas.

Art. 4. Le Directeur général des télégraphes et des postes est chargé de l'exécution du présent décret.

Fait à Tours, le 4 novembre 1870.

Léon GAMBETTA, FOURICHON, CRÉMIEUX, GLAIS-BIZOIN.

Par le Gouvernement :

Le Directeur général des télégraphes et des postes,

F. STEENACKERS.

Arrêté déterminant les conditions d'expédition des dépêches privées entre les départements et Paris, au moyen des Pigeons voyageurs de l'administration des télégraphes et des postes.

Le Directeur général des télégraphes et des postes,
Vu le décret du 4 novembre 1870,

ARRÊTE :

Art. 1er. Les dépêches privées destinées à être transmises à Paris par des Pigeons voyageurs seront reçues dans tous les bureaux de télégraphe et de poste du territoire de la République, aux conditions de taxe fixées par le décret sus-visé et d'après les règles ci-après.

Art. 2. Ces dépêches devront être rédigées en français, en langage clair et intelligible, sans aucun signe ou chiffre conventionnel. Elles ne devront contenir que des communications d'intérêt privé, *à l'exclusion absolue de tout renseignement ou appréciation de politique ou de guerre.*

Art. 3. Le nombre maximum des mots de chaque dépêche est fixé à vingt.

Les expressions réunies par un trait d'union ou séparées par une apostrophe, seront comptées pour le nombre de mots servant à les former.

Par exception, dans l'adresse, la désignation du destinataire, celle du lieu et du domicile ne compteront chacune que pour un seul mot, bien que formées d'expressions composées.

Il en sera de même de la signature de l'expéditeur.

Toute lettre isolée comptera pour un mot.

Les nombres devront être écrits en toutes lettres, et seront comptés d'après les règles ci-dessus.

Art. 4. L'indication du lieu de destination ne sera obligatoire que pour les dépêches à distribuer hors de l'enceinte de Paris dans la banlieue investie. Les dépêches ne portant aucune indication de cette nature seront considérées comme à destination de Paris même. La mention « rue » pourra être supprimée, aux risques et périls de l'expéditeur.

L'indication de la date et du lieu d'origine n'est pas non plus obligatoire.

Art. 5. Les dépêches présentées dans les bureaux télégraphiques seront traitées, en ce qui concerne la perception de la taxe, comme les télégrammes ordinaires. La taxe sera perçue en numéraire. La souche du registre des recettes devra porter la mention « Pigeons voyageurs ».

Les dépêches présentées dans les bureaux de poste devront être affranchies au moyen de timbres-poste, qui seront oblitérés par les receveurs. Elles seront vérifiées au guichet en ce qui concerne l'application de la taxe. En cas d'insuffisance d'approvisionnement de timbres, l'affranchissement pourra, par exception, avoir lieu en numéraire, dans les formes habituelles.

Art. 6. Les bureaux, soit de télégraphe, soit de poste, réuniront sous une même enveloppe toutes les dépêches qu'ils auront reçues dans la journée, et les adresseront au directeur général des télégraphes et des postes, à Tours, avec la mention spéciale : *Pigeons voyageurs,* inscrite au coin supérieur droit de l'enveloppe.

Art. 7. Les dépêches présentées après le départ du courrier de la poste dans les bureaux du télégraphe, où le service de la télégraphie privée n'est pas suspendu, pourront être, dans le cas où les lignes départementales seraient en mesure de les recevoir sans aucun préjudice pour le service public, transmises par le télégraphe au bureau du même département qui serait le mieux en situation de les diriger immédiatement par la poste sur la direction générale.

Art. 8. Tout envoi sera accompagné d'un bordereau portant, avec la date de l'envoi et le numéro d'ordre, l'indication du nombre total des dépêches transmises, et de la somme totale des taxes perçues pour cet envoi.

Les envois de chaque catégorie de bureaux, tant de télégraphe que de poste, seront faits directement, sans confusion entre les deux services.

Art. 9. Les dépêches centralisées à Tours seront dirigées sur Paris, par les soins de la Direction générale, au fur et à mesure qu'elle disposera des moyens d'expédition suffisants, et distribuées à Paris à la diligence du service télégraphique central.

Art. 10. Conformément à l'article 3 du décret sus-visé, aucune réclamation ne sera admise en cas de non-remise ou d'erreur de distribution, toute taxe perçue demeurant, à raison des difficultés que présente ce service spécial, définitivement acquise à l'État.

Art. 11. Les dispositions du présent arrêté sont applicables à partir du 8 courant.

Tours, le 4 novembre 1870.

Le Directeur général des télégraphes et des postes,

F. STEENACKERS.

Pour ampliation :

Le Secrétaire général,

LE GOFF.

DÉCRET DE BORDEAUX.

N° 485. — DÉCRET *réduisant la taxe des dépêches envoyées à Paris par Pigeons voyageurs.*

Du 8 janvier 1871, promulgué le 11.

LA DÉLÉGATION DU GOUVERNEMENT DE LA DÉFENSE NATIONALE :

Vu le décret du 4 novembre 1870 ;

Considérant qu'il importe de faciliter autant que possible les communications de la province avec Paris, et d'en étendre le bénéfice d'autant plus qu'elles ont été contrariées pendant quelques semaines par la rigueur de la température ;

Considérant que des améliorations successivement apportées par l'administration des télégraphes et des postes dans le service des dépêches par Pigeons voyageurs, permettent de réduire aujourd'hui la taxe de ces dépêches conformément à l'intention antérieurement exprimée par l'administration ;

Sur la proposition du Directeur général des télégraphes et des postes ;

DÉCRÈTE :

Art. 1ᵉʳ. La taxe fixée par le décret du 4 novembre 1870 pour les dépêches privées à destination de Paris par Pigeons voyageurs est réduite de cinquante centimes à vingt centimes par mot.

Art. 2. Le Directeur général des télégraphes et des postes est chargé de l'exécution du présent décret.

Fait à Bordeaux, le 8 janvier 1871.

Signé L. GAMBETTA, AD. CRÉMIEUX, GLAIS-BIZOIN, L. FOURRICHON.

Par le Gouvernement :

Le Directeur général des télégraphes et des postes,

Signé STEENACKERS.

PARIS. — IMPRIMERIE DE E. MARTINET, RUE MIGNON, 2.